道徳科授業サポートBOOKS

実感的に理解を深める！

体験的な学習「役割演技」でつくる道徳授業

早川 裕隆 編著

学びが深まる
ロールプレイング

明治図書

● はじめに ●

　昭和33年の道徳特設当時「劇化」として初めて紹介されて以降，その指導方法として紹介され続けてきた役割演技について，平成25年12月の道徳教育の充実に関する懇談会から出された報告においては，「道徳の時間において，『道徳的実践力』をより効果的に育成し，将来の『道徳的実践』につなげていくための手段」[1]の例として，また，平成26年10月の中央教育審議会の答申では，多様で効果的な指導方法の例として[2]あげられました。それを受けた学習指導要領解説　特別の教科道徳編においても，道徳的行為に関する体験的な学習の例として[3][4]，また，特別の教科　道徳の検定教科書に関しても，「『問題解決的な学習』や『道徳的行為に関する体験的な学習』について適切な配慮がされていることを求める規定を置くことが適当である」[5]とされました。さらに，平成28年7月の道徳教育に係る評価等の在り方に関する専門家会議からされた報告では，「質の高い多様な指導方法」の1つとしての「道徳的行為に関する体験的な学習」の例としてあげられ[6]，次期学習指導要領の改善に向けて，「深い学び」の視点から，道徳的行為に関する体験的な学習における疑似体験的な活動の例として期待されています[7]。このように，これから変わろうとする新しい道徳授業の指導方法の1つとしての役割演技に対して，かつてない期待の高さを感じます。

　しかし，「質の高い多様な指導方法」として掲げられた他の指導方法と違い，役割演技は，教科学習等において，今まで日常的に活用されていた指導方法ではないことから，他の指導方法以上に，授業の主題やねらいに応じた適切な工夫改善と，その実践の蓄積と研究が必要だともいえましょう。例えば，本書を手に取った皆さんの中でも，「演劇と何が違うのだろう？」「(中学年以上の)子どもたちは，恥ずかしがって演者をやろうとしないので，演者になることを喜ぶ低学年に，限定された指導方法なのではないか？」「演じた後に，誰に何を聞いたら良いのか？」「演者には効果があっても，観客には効果がないのではないか？」「そもそも，『劇』をやって何の意味がある

のか？」等，役割演技の意義や効果，方法等の疑問から，今まで取っつきづらさを感じていた方々がいらっしゃるのではないでしょうか。これらの疑問や誤解を払拭できる適切な指南書は，皆無に等しかったのではないでしょうか。かく言う筆者も，役割演技の授業の創り方を，一般化して語ることは避けてきました。なぜなら，即興的に演じられる役割演技は，授業の数だけ違いやよさ，それぞれの意味があるからです。

しかし，これだけ期待されている指導方法が，誤った解釈によってその効果が発揮できないとしたら，その創り方を語ることを避け続けることは，授業を受ける子どもに対しても，授業者としての皆さんに対しても，背信行為以外の何物でもないのではないかと考え始めました。そのため，本書では，筆者の現在持つ全てをさらけ出す覚悟で，読者の皆さんが工夫を加える基盤を造るための指南役となることを目指して作成しました。本書を，ぼろぼろになるまで活用してください。

本書の作成にあたり，その充実に尽力し，辛抱強く支えていただいた明治図書の佐藤智恵さん，足立早織さんに，この場をお借りして，深謝申し上げます。

早川裕隆

1）道徳教育の充実に関する懇談会　2013　今後の道徳教育の改善・充実方策について（報告）
　〜新しい時代を，人としてより良く生きる力を育てるために〜　p.12
2）中央教育審議会　2014　道徳に係る教育課程の改善等について（答申）p.11-12
3）4）文部科学省　2015　小学校学習指導要領解説　特別の教科　道徳編　p.92　中学校学習指導要領解説　特別の教科　道徳編　p.95
5）教科用図書検定調査審議会　2015　「特別の教科　道徳」の教科書検定について（報告）p.4
6）道徳教育に係る評価等の在り方に関する専門家会議　2016　「特別の教科　道徳」の指導方法・評価等について（報告）p.6
7）中央教育審議会　2016　幼稚園、小学校、中学校、高等学校及び特別支援学校の学習指導要領等の改善及び必要な方策等について　p.226

道徳科授業サポートBOOKS
体験的な学習「役割演技」でつくる道徳授業

はじめに ……………………………………………………………………… 2

第1章 道徳的行為に関する体験的な学習としての「役割演技」

1　道徳授業は変わろうとしている …………………………… 8

2　道徳授業で求められる指導方法がある …………………… 10

3　言葉のイメージから「役割演技」を誤解してはいけない …… 12

4　「役割演技」はクラスのみんなで創る ……………………… 16

5　ウォーミング・アップで「役割演技」がグッと効く ……… 18

第2章 「役割演技」を取り入れた道徳授業のつくり方

1　「役割演技」を取り入れると授業はこうなる！ …………… 22

2　演者選び・演技後の話し合い活動が成功のカギとなる …… 26

3　「役割演技」を取り入れるのに効果的な場面がある ……… 30

| 4 | 「役割演技」を取り入れるのに気をつけたいことがある | 36 |
| 5 | 困ったときにはこんな手法がある | 38 |

実践編

第3章 「役割演技」を取り入れた授業実践

A 主として自分自身に関すること

小学校・低学年
お月さまとコロ …… 40

小学校・中学年
正直50円分 …… 46

小学校・高学年
うばわれた自由 …… 52

中学校
裏庭でのできごと …… 58

B 主として人との関わりに関すること

小学校・低学年
およげない　りすさん …… 64

小学校・中学年
貝がら …… 70

小学校・高学年
泣いた赤おに …… 76

CONTENTS

中学校
吾一と京造 ……………………………………………… 82

Ⓒ 主として集団や社会との関わりに関すること

小学校・低学年
黄色い　ベンチ ………………………………………… 88

小学校・中学年
お母さんはヘルパーさん ……………………………… 94

小学校・高学年
班長になったら ………………………………………… 100

中学校
二通の手紙 ……………………………………………… 106

Ⓓ 主として生命や自然，崇高なものとの関わりに関すること

小学校・低学年
ハムスターの赤ちゃん ………………………………… 112

小学校・中学年
シクラメンのささやき ………………………………… 118

小学校・高学年
青のどう門 ……………………………………………… 124

中学校
カーテンの向こう ……………………………………… 130

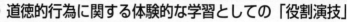

道徳授業は変わろうとしている

「やっぱりな。(そのことだけ最初から言えばいいのに……。)」
「○○だと思います。(そんなこと聞かなくたって,最初から知っているよ。)」道徳授業で,このような子どもたちの心の声が聞こえた気がしたこと,あるいは実際に言われたことはないだろうか。皆さん自身も,授業者として(こんな分かりきったことを聞くなんて……。)と,その意味に疑問を持った経験がある方もいらっしゃるかもしれない。かといって,どうしたら良いか分からず,特定の価値観を教え込もうとしたり,これからの自分を,(教師が期待する姿のままに)宣言させて行動するよう指導(誘導)したりして,時にはそんな自分に嫌悪感を抱く……。こんなことに起因して,道徳嫌いの教師が増えていたのではないだろうか。「今まで道徳授業をやらなかったのではない。やることに意味を感じなかったのだ。」そんな声が聞こえてきそうである。

中央教育審議会の答申[1]でも,道徳の時間の課題の一つとして,「望ましいと思われる分かりきったことを言わせたり書かせたりする授業」が指摘されている。だが,本当にそれは分かっている,知っているのだろうか。分かった「つもり」や「ふり」をしているだけのことはないだろうか。例えば,相模原で起きた,障害者施設での大量殺人事件。容疑者は,この施設の元職員で,小学校や特別支援学校の教育実習もしたことがあると報道されていた。この容疑者に,「命を粗末にしてはいけない。」「人には,親切にする。」ことを知らないのかと問えば,「そんなの知ってるよ。当たり前だろ。」という回答がすぐに返ってきそうである。しかし,自分を「救世主」と呼んでいる限りは,必然性が生じないので,自分の犯した行為の意味等について分かろうとも,考えようともしないであろう。「日常生活では問題が起きないかぎり,人は習慣化した役割行動を反復しやすい」(時田光人,1974)[2]ならば,そ

もそも知らないことや分かっていないことは，問題だと認識されない限り，考えられることも議論されることもなく，なおざりにされるであろう。そう考えると，道徳科は授業の中で，子どもたちが「問題」だと認識できるテーマをいかに発生させられるか，学習の必然性の生起が課題であるといえよう。たとえきっかけが教師からの発問であっても，それを咀嚼し，本気で探究したいテーマに仕立てるのは子どもたちである。

　ところで，前述の答申で，道徳の時間の課題として，「読み物の登場人物の心情理解のみに偏った形式的な指導」も指摘されている。筆者は，むしろ，登場人物の心情「理解」ができていないと思われるところに課題を感じていたが，この部分は，道徳教育に係る評価等の在り方に関する専門家会議の報告[3]では，「主題やねらいの設定が不十分な単なる生活経験の話し合いや読み物の登場人物の心情の『読み取り』のみに偏った形式的な指導」(『　』は筆者による強調)と表現された。いずれにしても，考えるべきテーマが不明確で，ミニ国語のように，「どこに書いてありますか？」とか，「どこを読めば分かりますか？」「何と書いてありますか？」という読解に偏った授業が少なくなかったように感じる。

　では，役割演技を用いると，子どもたちが「問題」だと認識して考え議論すべきテーマがどのように生起するのか，あるいは，単なる登場人物の心情の読み取りに終始しない，道徳的諸価値の理解（内面化・価値の自覚）がどのように起こるのか。順を追って述べていく。

1) 中央教育審議会　2014　道徳に係る教育課程の改善等について（答申）p.11
2) 時田光人　1974　教育心理劇の構想（石井哲夫・時田光人『心理劇の理論と技術』p.88-143) 日本文化科学社
3) 道徳教育に係る評価等の在り方に関する専門家会議　2016　「特別の教科　道徳」の指導方法・評価等について（報告）p.1

2 道徳授業で求められる指導方法がある

　これからの社会は，将来の変化を予測することが困難な時代で，「決まり切った」（と思われていた）答えだけでは対応しきれず，よりよい社会と幸福な人生を自ら創りだしていくことが重要といわれる。今までは，限られた内容を「知識」としてマスターし，それを応用すれば，適切な解決ができると考えられてきたところがあるが，何が起こるか予想できないこれからの社会を生きるのに十分な知識を，人類は持ち合わせてはいない。だから，困難から逃げることなく，基礎力を元に，解決に向けて考え続け，自分ができることを見出し，多様な他者と議論を重ね，協力しながら探究し，実践しようとする資質や能力が求められている。道徳も同じこと。「こういうときはこうするべき。でも別の時はこうするべき……。」と，全ての場面を想定することも，全ての行為を知識として提示することも不可能で，それに続く「なぜならば」の理解無しでは解決できないことを，我々は知っている。例えば，道徳教育に係る評価等の在り方に関する専門家会議の報告[1]が，その整理の可能性として示した，道徳科の学習活動に着目した，資質・能力の三つの柱と道徳科の捉え方の例によれば，
○道徳的諸価値についての理解〈知識・技能〉
○物事を（広い視野から）多面的・多角的に考え，自己（人間として）の生き方についての考えを深める〈思考力・判断力・表現力等〉
○よりよく生きるための基盤，自己を見つめ，自己（人間として）の生き方についての考えを深める〈学びに向かう力，人間性等〉
ことが肝要と考えられる。そのような，資質・能力を育成するための質的転換のための道徳科の質の高い指導方法として，①読み物教材の登場人物への自己関与が中心の学習　②問題解決的な学習　③道徳的行為に関する体験的な学習の３つが示され，様々な展開，すなわち，「学習指導要領の趣旨をし

っかりと把握し，指導する教師の一人一人が，学校の実態や児童生徒の実態を踏まえて，授業の主題やねらいに応じた適切な工夫改良を加えながら適切な指導方法を選択すること」が求められているのである。

　ところで，役割演技は，道徳的行為に関する体験的な学習の一つの方法である。役割演技は，「他人から教えられた知識ではなく，自分で直接に感じ取ることができる」（外林大作，1984）[2]ので，「道徳的諸価値」について「実感を持って理解」することを実現する効果が期待される。だが，前述の①や②の指導方法と違い，役割演技は日常的に授業で用いられてきたわけではないので，誤解も多くみられる。その詳細は，後の項で述べるとして，本項では，次のことを指摘しておきたい。すなわち，役割演技は，低学年に効果的な指導方法，言い換えれば，それ以上の児童生徒の指導方法にはなじまないという誤解である。例えば，中学校学習指導要領解説　特別の教科　道徳編[3]では，役割演技を取り入れる意味として，特に「表現活動を通して自分自身の問題として深く関わり，ねらいの根底にある道徳的価値についての共感的な理解を深め，主体的に道徳性を身に付けることに資する。」(p.82) と述べている。さらに，道徳的行為に関する体験的な学習では，「単に体験的行為や活動そのものを目的として行うのではなく，授業の中に適切に取り入れ，体験の行為や活動を通じて学んだ内容から道徳的価値の意義などについて考えを深めるようにすることが重要である。」(p.95) とあるように，役割演技は，抽象的思考が可能な児童生徒にこそ，むしろ効果的な指導方法である。効果が上がらないのは，役割演技が単なる「演劇指導」とイメージされ，演技の巧拙の評価に重きが置かれて，演じられた内容の意義や意味を十分に吟味し合うことが不十分だからだと考えられる。

1）道徳教育に係る評価等の在り方に関する専門家会議　2016　「特別の教科　道徳」の指導方法・評価について（報告）p.4, p.6-7
2）外林大作　1984　賞罰をこえて―ロール・プレイングのテクニック―　ブレーン出版　p.13
3）文部科学省　2015　中学校学習指導要領解説　特別の教科　道徳編

言葉のイメージから「役割演技」を誤解してはいけない

「私は役割演技をスキルトレーニングのようなものと捉えていました。これまでの認識の誤りに反省するばかりです。早川先生の授業で「道徳的価値の自覚」ということが，心が揺さぶられることなのだと身をもって実感しました。先生のおっしゃる「即興的」のよさも，演者の内面的な言葉が出てくるからこそ臨場感があり，生きた言葉としてその場にいる人たちをふるわせるのだと思いました。」

「役割演技は，自分自身が他者と感情を共有したり，他者の発言によって感情を揺さぶられたりという体験ができ「価値の内面化」とか「自己理解の深め」ということを，言葉のレベルを超え，まさに体で実感することができた。思いや感情を共有できる心地よさを味わった。」

「自分が観客になったことで，観客も演者と同じように演者の問題を自分の問題としてしっかり捉えることができることが分かった。」

「演じながら，あるいは，演じられた後の話し合いで，涙ながらにお話しをされる方々が何人もおられ，役割演技が，心理療法的な効果をもたらすことは，まさしくその通りだと思いました。」

　これは，筆者が担当した上越教育大学教員免許状更新講習「道徳の指導法―役割演技を道徳授業に―」を受講した皆さんの感想の一部である。本講座では，役割演技による道徳の模擬授業も行い，受講者には，役割演技の演者や観客，さらに，監督の体験をもってもらっている。これらの感想にあるように，「役割演技」が，言葉のイメージから実に曖昧で様々に理解（解釈）されてきたことが見てとれる。読者にも，例えば，図1や図2のように，役割演技による道徳授業を誤解していた方もいるのではないか。前述の免許状更新講習を受講された方の大部分も，受講される前までは，そのような誤解を持っていたようである。それは，各教科等ですでに十分な実践が行われて

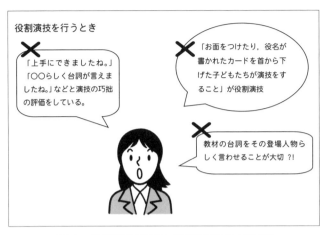

【図1　役割演技の誤解…演劇指導という誤解】

【図2　役割演技の誤解…演じる効果と，観客の役割等の誤解】

きた問題解決的な学習等と違い，「役割演技」は学校教育全般に取り入れられ，常時実施されているわけではないため「異質」であり，「監督の技法を十分身につけることが肝要」[*]であることに起因しているといえよう。そのため，例えば，「『役割演技』と『動作化』の違いが分からない。」，「効果が実感できない。」など，その内容や方法に不安や疑問を抱いている方も少

なくない。これらはいずれも、「役割」「演技」という言葉に惑わされて、「他人の前で（期待される）技芸を（期待されるとおりに）演じること」という、演劇指導と誤解されていることに起因すると考えられる。そのため、今まで、単なる（ソーシャル・スキル・）トレーニングとして、子どもたちに教師から言われるままに（教師が正しいと思う）行動をするよう指示したり、教材の登場人物の「台詞」をそのまま言わせて感想を語らせたりすることに終始するような〈誤った〉「役割演技」に、幻滅すら感じていた方もいるのではないだろうか。あるいは、役割演技で演じられた後の話し合いをどのように進めたら良いのか分からずに、「上手にできましたね。」「○○になりきって、○○らしく言えましたね。」などと、演技の巧拙を評価するだけで、その効果に疑問を抱いていた方もいるのではないだろうか。それらは、「演劇指導」であっても、本来の即興性や自発性・創造性をその大きな特徴とする「役割演技」ではない。そのため、このような活用は、子どもたちに、テーマに関する十分な必然性や自覚的な理解が生起しづらいという意味からは、「道徳的行為の体験的な学習」での「学習」の体をなしていないといえよう。図3に示したように、子どもたちが演劇的な評価をされると感じると、低学年の児童はともかくも、「子どもが演じたがらない。」という、教師の悩みを生起させる。低学年にしてみたところで、テーマが曖昧なままでは、「茶番劇になって、何が分かったのかが分からずに終わった。」という教師の悩みを生起させる。

　このように、役割演技の効果的活用には、まずは、役割演技の正しい理解（図3から図4への転換）が不可欠であると言える。そのために、本書を通じて正しい理解と明確なイメージ、方法を身に付けていただき、道徳的行為の体験的な学習としての「役割演技」の道徳授業を心から楽しみながら、その効果を子どもたちに還元するアクティブ・ラーニングの実践者、創造的で適切な、役割演技の監督としての授業者になっていただきたいと強く願っているのである。

※役割演技の正しい理解への転換を

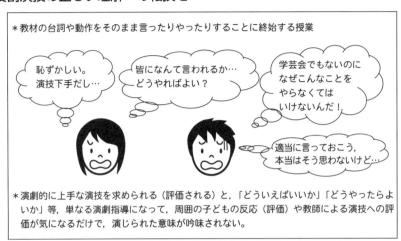

【図3　技芸を演じるという理解による役割演技】

⬇チェンジ

【図4　本来の即興的に演じる役割演技】

＊）時田光人　1981　ロール・プレイングの実施方法（外林大作監修　千葉ロール・プレイング研究会著　教育現場におけるロール・プレイングの手引き）誠信書房　p.17-18

4 「役割演技」はクラスのみんなで創る

(1) 監督（図5参照）

　役割演技による授業の授業者が監督である。適切な授業の遂行者としても，評価者としても，子どもたちの実態を把握しており，さらに，授業の中での子どもたちの変容や成長を適格に把握できるという意味で，監督は学級担任が行うことが望ましい。

　監督には，学習者が学習に参加するだけで，深い安堵感が得られるような，学習者を受け入れる包容力が求められる。そのために，次のような点に留意したい。

- 演者や観客が役割表現の巧拙にこだわらないようにする。
- 観客が演技の批判をしないようにする。

(2) 演者

　即興的に自分の演じたい役割を演じ，その後の話し合いで，観客と共に演じられた意味や意義を解釈したり分析したりしながらそのよさを明確にし，共に道徳的諸価値についての理解を深め，新たな役割（深い自己理解に基づく新たなあり方）を発見し，創造する，主体的な学習者である。

(3) 観客

　芝居見物のような客意識を捨て，演者の共鳴板として，演者に支持的，協調的な働きかけをしながら，同時に，演者を同一視し，演者のテーマをそれぞれのテーマとして探究する。観客は演者よりも客観的であり，良い観客が育つと，観客は演者の姿見のような役割を果たし，演じられた意味や意義が明確化される。

（4）補助自我

　主役が演じたい役割を，自発的，創造的に演じられるための，適切な相手（役割）である。自分の遂行しようとする役割へのイメージが明確で，（登場人物に自己を重ねながら，）主役を支える，自発性の高い共演者の役割を果たすことができる。学習者は，適切な補助自我との関係によって主役が演じた役割の意味や問題が学習者全体に明らかになることで，新たな役割の創造のテーマが共有され，道徳的諸価値を実感的に理解できるようになる。

演出者役割
1．観客の中から、主役・相手役（補助自我）の選定を行い、場面設定を行う。
2．状況設定を行う。
3．セッションのスタート、中断をする。
分析者役割
1．演者が何を感じたのか、思ったのかについて解釈、見立てのための質問を（演者に）行う。
2．観客から情報を得て、解釈をするための質問を（観客に）行う。
3．監督が理解したことの伝達、確認、訂正を行う。
発達援助者役割
1．明らかになったことを演者や観客にフィードバックして、役割演技を通して分かったことを参加者が自分のものとして受け取れるようにする。
2．演者や観客を受容、承認したり、共感的に話を聞いたりするような癒やしを行う。
授業者役割
1．演者が互いにどんなことを経験したか、観客が何を経験したかや感じたかについて明らかにするための話し合いの司会を行う。
2．演じる意欲、見る意欲を向上させ、参加者が役割演技に集中できるように促す。
3．質問に対して受け答え、話を聞いているときの繰り返しや相づち、不明な場合の聞き返しを行う。
4．時間配分やその時間の目的などを考えて進行したり、終了の判断をしたりする。

【図5　**役割演技の監督役割**…北川沙織，茂木博介，早川裕隆　2103　人間関係づくりの基盤となる道徳の時間の創造と支援（道徳教育実践研究　7　p.40-73　一部改編）上越教育大学道徳教育研究室　未公刊】

ウォーミング・アップで「役割演技」がグッと効く

　研修会等で，役割演技を取り入れた道徳授業について，次の２点の相反する発言をよく耳にする。一つは，「子どもたちは活性化したが，茶番劇のようになって，何が分かったのかが分からずに終わってしまった。」で，もう一つは，「子どもたちが恥ずかしがって，演じることを拒否したり，前へ出てきても演じられなかった。」である。その結果，そのような発言者の多くは，混乱を感じたり，効果を感じられなかったりして，「難しい。」とか，「（低学年の児童以外には）効果がない。」という考えを持っていた。これらは，「ウォーミング・アップ」の不足に起因する。では，ウォーミング・アップとは，どのような目的で，どんなことをしたら良いのであろうか。

（１）ウォーミング・アップなしの弊害

　読者の皆さんも，研修会等でいきなり指名され，前に出て演じることを強要されると，ワクワクするより，不安や恐怖に襲われる方が多いであろう。子どもも同じである。「参加者の心理的な準備状況を考慮せずに，いきなり役割を演ずるようにしますと，演者は抵抗し，（指示された台詞を言うのが精一杯で）相手役に応じた演技を続けて演じようとせず，〜（中略）〜観客の失笑を受けたり相手役に応じられなかったりしますと，時として自信喪失の状態に陥ることがあります。」（時田光人，1994）*)と言われるように，ウォーミング・アップ無しでいきなり役割演技をさせようとするのは，乱暴すぎることである。

　では，ウォーミング・アップは，どんなことを行えば良いのか。大きく，a）役割演技による学習を知る　b）その時間の演者を創る　という２つのウォーミング・アップがある。意外に思われるかもしれないが，役割演技では，よい観客を創ることがポイントである。以下，早川流の内容を述べる。

（2）よい観客を創る
①視る・聴く・考えることの大切さ
　まず始めに，「視る」「聴く」「考える」と板書し，「見る」や「聞く」との違いを想像するようにする。すると，子どもたちは心のありよう，すなわち，心を込めた「凝視」「傾聴」といった意味に気付くようになる。演じられたことがどう見え，どう聞こえたのかを明確にするように支援すると，演者が演じた意味を，共感的に理解することの基礎が創られる。
②ポーズ遊びによる実感的理解
　次に，子どもを1名指名し，「ストップ。」と言われたら，動きを停止するよう依頼して，準備体操などをしてもらう。ストップをかけたときの姿が何に見えるか観客に問うと，初めは「人間」とか，「男の子」程度しか発言しないことが多い。そこで，さらに「何歳くらい？」「何をしようとしているの？」「どんな気持ちに見えますか？」などと質問を重ねていくと，例えば，両手を横に広げている姿を「息子が食事を残すので，今日こそ美味しいものを作って完食してもらおうと，いっぱい買い物をした重い荷物を両手に抱えているお母さん。」などと，細かな表情や姿勢から解釈するようになる。そのとき，そう見えたのならば全て正しいことを伝えると，演者が共感的な観客によって支持される安心感を共有することができる。さらに，演技の巧拙は考える必要はないこと，観客は演者を批判したり，特定の演技を強要したりしてはならないことをしっかりと約束するようにする。このように，演者を映し出す鏡となる観客を育てることを意識していくと，肯定的で受容的な観客や雰囲気ができあがってくる。このような観客は，役割演技で演じられた役割を客観的に，しかも自己と重ねながら見ているので，その後の話し合いで，演者が演じた意味や意義を考えることを可能とする解釈ができるようになる。このように，役割演技の観客は，演者とともに場と感情を共有し，演じられた役割を，自己と重ねながら演者以上に客観的に解釈しているので，自発的・創造的な演者としても育つのである。

③そのあとの，日常的なウォーミング・アップ

　以上①②は，学級活動で行う。それ以降も，日常の指導の中で，自然に取り入れる。例えば，朝の会や帰りの会等で，地域の方との「挨拶」の指導をする際，なりたい動物になって，出会う場面を演じるようにする。このとき，演じられた後の話し合いを大切にする。まずは観客に，演者Ａはどんなことを言っているように聞こえたか，どんな表情をしているように見えたか等と問い，演じられた意味を想像するようにする。次に，相手役に対しても同様に吟味する。その後演者に，演じた意味を明確にできるよう問いを行う。すると，次に演じたいテーマ，例えば温かな出会いの実現が明確化され，全体に共有化される。結果，新たな役割を創造し，挨拶のよさを，実感的に理解するようになる。5分前後の短い時間でもできることである。

　ただし，このようなときに注意したいことは，例えば，自席でペアを作って演じるとか，教師が（相手役を）演じることはしないということである。動作化であればそれも可能であろう。しかし，いわゆる「内面的な道徳的諸価値の理解」を目指す役割演技では，監督が不在になると，考えるべきテーマや監督としての教師の役割が曖昧になるからである。例えば，自席でペアになった相手と挨拶の場面を演じさせた後，そのうちの特定のペアを前に出しても，子どもの関心が向かなかったといった類いの経験はないであろうか。子どもたちにしてみれば，自席で「演じた」ことに満足しているので，他者の演じる役割を見る必然性は無いのである。つまり，各自で演じることで，分かった「つもり」になっているので，その瞬間から「分かろうとする」テーマは生起しない。ましてや，教師が演者になってしまうと，子どもたちには，教師の演じた役割が「教示」の内容になり，教師の演じた役割を支持したり，否定したりすることの「期待」を探り，適切に応えることがテーマとなって，子どもたちの発見や創造の余地はなくなる。さらに，初めから観客と同じように客観的に見られる監督の立場を教師自らが放棄していることにもなるので，演じられた役割の吟味の内容は，全体のテーマが見過ごされて教師が持っているテーマに偏ることになりがちで，学習者である子どもたち

の自発性を阻害しても，道徳的諸価値の理解を促す役割を果たすことが不可能となる。

　さて，ウォーミング・アップに話を戻すと，この他の方法として，例えば，朝の会の健康観察のコーナーを使う。「昨日まで雨降りでしたが，今日は久々の青空です。そんな青空で輝く太陽になって，お返事しましょう。」といった健康観察を，毎日「ネタ」を変えてくりかえすようにすると，子どもたちの演じることへの抵抗や不安が消えてくる。「ぴかぴか元気です。」この程度の応答でもいいのである。要は，演劇的な表現を期待するのではなく，「皆で見合ったり聞き合ったりしながら，何が起こっているのかを考え，理解していきましょう。」という雰囲気作りを繰り返すのである。読者の皆さんはもうお気付きであろう。このような支持的な雰囲気作りの過程は，よりよい生き方をめざす基盤となる道徳性を育成する道徳教育であり，学級経営そのものなのである。

　以上，2つの目的のウォーミング・アップのうち，aの役割のウォーミング・アップについて述べてきた。bの役割のウォーミング・アップは，その時間その時間の授業の中で演者を創るウォーミング・アップなので，以降述べていく授業の実際や実践事例の中から見てもらうこととする。

＊）時田光人　1994　ロール・プレイング実施の要件　教育心理劇センター

第2章 「役割演技」を取り入れた道徳授業のつくり方

1 「役割演技」を取り入れると授業はこうなる！

　本章では、授業の実際を「解剖」しながら、効果的な役割演技のあり方や創り方について、具体的に述べていく。本項で、基にする授業を示す。

1 本時の授業について（小学校6年生。授業者は筆者。）

○主題名：相手のために

教材名：おばあちゃんとの話（みんなのどうとく6年　1989　学研　一部改編）

内容項目：B　親切、思いやり（誰に対しても思いやりの心をもち、相手の立場に立って親切にすること。）

○本時のねらい

　親切にした行為に対しての見返りがないばかりか、相手が親切にされたことすら忘れたとしても、親切にされたときの相手の喜びは、親切にした自分の喜びとして決して消えることはないことを実感的に理解し、相手の喜びを自分の喜びとして、誰に対しても相手の立場に立った親切をしようとする心情を養う。

- 親切にすることは大切。
- 親切にしたときに相手が喜ぶと自分も嬉しい。
- 親切にされたら、お礼をすべき。親切にしてもお礼も言わない相手には、（損をしたように感じるので、そういう人には）親切にしたくない。

- たとえ忘れられても、親切は、そのときには伝わっていて、相手の喜びになっていることを信じられる。
- 親切が通じたときの相手の喜びは、自分の得がたい喜びとなって、自分の心に残り続ける。

【図6　期待する児童の変容】

○**教材の概要**

　「ぼく」は，僕の家の前で猫に話しかけている，近所に住むひとりぼっちの認知症のおばあちゃんを気の毒に思い，家に誘う。始めは心配そうだったおばあちゃんにお茶やお菓子をすすめ，何度も同じことを聞かれることにも我慢しながら話題を見つけて話していると，やがて，心が通じたのか，お互いの目が潤んだ気がした。しかし，翌日，おばあちゃんに出会ったぼくは，おばあちゃんから「おめえ誰だ？」と言われてしまう。

2　授業の実際

（1）演じる前提となる状況の理解を図るよう整えながら　……相手役の見当

　教材を読み終えたあと，おばあちゃんを家に誘ったときの「ぼく」の気持ちを問い，続いて，おばあちゃんに色々聞かれながらも，何とかおばあちゃんの相手をしているときのぼくの心情を問うようにした。児童は，おばあちゃんを安心させ，喜ばせようとしているぼくの苦労や思いを理解することができた。さらに，おばあちゃんの目が潤んだときのぼくの気持ちを問うようにすると，ぼくの苦労が大きかった分だけ，おばあちゃんが喜んでくれているのを感じたぼくの喜びも大きかったことを指摘した。

　ここまでは，登場人物の心情理解である。

　なお，おばあちゃんを家に誘ったときのぼくの心情を問うたときに，「おばあちゃんは怖くて，なかなか中に入らなくて，ぼくは大変だと思う。」と発言したB男は，おばあちゃんの目が潤んだときのぼくの気持ちを問うたときにも，「おばあちゃんは，怖い気持ちが消えて……だからぼくも，本当に嬉しかったと思います。」と発言したことを，記憶しておいてほしい。

（2）ひどいおばあさんだ！　……登場人物の心情理解から役割演技への転換

　この後，「おめえ誰だ？」と言われたぼくの心情を問うた途端である。A男は，思わず，「ひでえおばあさんだ！」と怒りをあらわにしたので，「そん

なにひどいですか？」と問うと，「親切にされたことを忘れると言っても，全部忘れるわけじゃない。名前くらいは，憶えられるはずだ。名前くらい憶えさせたい！」と興奮気味に発言した。このとき，悲しそうな表情をしたB男を，A男の相手役のおばあちゃんに指名し，A男が演じるぼく（以下，太郎）とおばあちゃんを演じるようにした。

（3）なんかしつこい ……考えたい（考える必然性のある）問題の生起
　太郎はおばあちゃんを家に誘うが，おばあちゃんはなかなか家に入ろうとしない。それでも，太郎に促されてやっと家に入るが，今度は座ろうとしない。そこで，太郎は，お菓子※をすすめ，続いてお茶をすすめる。その度毎に，太郎は，「おばあちゃん，美味しい!?　おばあちゃん，今○○をしたのは誰？　ぼく，太郎だよ。」と自分の名前をアピールする。おばあちゃんは，その度毎に，「おお，太郎，太郎……。」と何度もつぶやいていた。
　演じ終わった後の話し合いで，まず観客に太郎がどう見えたかを問うと，「太郎はしつこい。」という声があちこちから上がった。さらに詳しく聞いてみると，「太郎は，自分の名前を憶えてもらうことに必死で，何か名前を憶えてもらうために親切にしているみたいに見える。」と解釈した。一方，おばあちゃんはどのように映ったのかを問うと，「震えていた。」「太郎に名前を憶えるように言われて，怖がっていた。」と，おばあちゃんの恐怖の様子を指摘した。
　すると，太郎を演じたA男も，「ぼくもなんとなくしつこい気がする。」とつぶやいたので，その意味を問うと，「おばあちゃんに親切にするのに，親切をするためというより，名前を憶えてもらおうとばかりしていた。」と，先ほどの興奮した状態とは打って変わって，少し下を向きながら，静かに語った。そこで，おばあちゃんを演じたB男に，演じていたときの心情を聞くと，B男は「太郎が親切にしてくれて，嬉しかった。名前を何とか憶えよう

※お茶やお菓子はある事にして演じるので，お面等を含めて小道具類は一切使用しない。

とするのだけれど，明日になると忘れてしまうと思うと，太郎に申し訳ない。」と語った。これを聞いた観客は，「おばあちゃんは，忘れたくて忘れるんじゃない。忘れてしまうことを，悲しんでいる。」とおばあちゃんの悲しみを明確にした。するとそれを聞いていたＡ男は，「先生，名前を憶えてもらわなくて良いから，違う太郎をやりたい。」と希望した。

（４）新たな役割の創造　……喜びの意味の実感的理解

　太郎はおばあちゃんに，「おめえ誰だ？」と言われると，少し驚いた表情をしたが，すぐに，優しくおばあちゃんに家に入るように誘う。そして，おばあちゃんにお菓子をすすめ，「おばあちゃん，美味しいかい？」と優しく聞くと，おばあちゃんは嬉しそうに「ああ，美味しいねぇ。」と応じた。さらに，「じゃあ，ぼくも食べよう。」と言いながら太郎が座ると，おばあちゃんも，それに合わせるように座ることができ，この後２人は，「美味しいね。」と声をかけ合いながら，お茶やお菓子を楽しむことができた。以下は，演じた後の話し合いでの，観客の指摘である。

　「おばあちゃんは太郎に親切にされたときの喜びは10で，その後忘れて喜びは０になる。そして，また太郎に親切にされると10になって，10と０の繰り返しだ。でも太郎はおばあちゃんと違って，おばあちゃんに親切にして喜んでもらえて，喜びが15になり，20になり，25になるけれど，０には戻らない。」児童が自分たちで獲得した道徳的諸価値についての自覚である。

2 演者選び・演技後の話し合い活動が成功のカギとなる

　p.17の図５でも示したように，役割演技の監督としての授業者の役割は，大きく四つに分類される。筆者らの研究[※)]では，このうち，演出者役割と授業者役割（図７参照）を適切に遂行できるようになると，効果的な役割演技が展開されるようになることが示唆された。

　そこで，この二つの役割に関する「ノウハウ」を提示し，読者による適切な役割演技による道徳授業の展開を支援したい。

1 誰を演者に選ぶのか〈演出者役割〉

（１）主役が主役を演じられるようになる相手役の大切さ

　誰を演者に選べば良いか。役割演技による道徳授業を展開するときに，第１に抱く疑問なのではないだろうか。では，どうするのか。前項の「おばあちゃんとの話」を教材にした授業を例に示していく。

　演者を選ぼうとするとき，監督である授業者は，だれが「ぼく」が演じられるのか，主役の「ぼく」に目が向きがちである。しかし，むしろ，主役が主役を演じられる相手役割（補助自我）が大切であることを理解したい。つまり，憶えたくても忘れてしまう悲しみを語れる，おばあちゃんである。では，主役に適切な「おばあちゃん」をどう探したら良いのか。

（２）子どもたちは，教材の登場人物の誰かに自分を重ねながら，考え始めている

　筆者は，おばあちゃんとして，Ｂ男を指名した。

　表題に示した通り，子どもたちは，

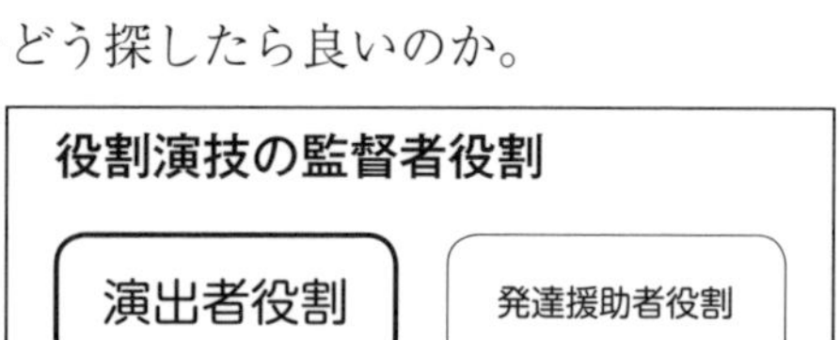

【図７】　役割演技の監督の役割

役割演技の監督者役割
- 演出者役割
- 発達援助者役割
- 分析者役割
- 授業者役割

中心発問に近づいてくるにしたがって，だんだんと，教材の登場人物の誰かに自分を重ねながら，深く考えるようになってくる。B男も，展開での最初の発問，すなわち，おばあちゃんを家に誘ったときの「ぼく」の心情を問うと，「おばあちゃんは怖くて，なかなか中に入らなくて，ぼくは大変だと思う。」と述べている。まだこのときには，ぼくの大変さの程度を推し量るために，おばあちゃんの気持ちを想像したにすぎないと考えられる。しかし，おばあちゃんの目が潤んで見えて，ぼくの目も潤んだような気がしたときのぼくの心情を問う発問では，「おばあちゃんは，怖い気持ちが消えて……だからぼくも本当に嬉しかったと思います。」と答えている。B男は，ぼくの気持ちを聞かれているにもかかわらず，おばあちゃんの心情の変化について答えており，おばあちゃんの喜びの大きさからぼくの気持ちを語っているようにも聞こえる。そのため，筆者はこの後，「あなたは，おばあちゃんの気持ちを考えているのですね!?」と返したところ，B男は頷いた。このため，役割演技の演者としてB男をおばあちゃんに指名すると，B男は抵抗なく，演者として自然に出てきたのである。このように筆者が返した言葉は，筆者にとっては，自分の解釈が正しいかどうかの確認であるが，B男にとっては，自分の思考が明確化されることで，その後もおばあちゃんの気持ちを考え続けることを支持する役割を果たしていると言えるのではないだろうか。つまり，「その時間の演者を創るウォーミング・アップ」の役割を果たしていると言えよう。いずれにしても，この後，B男は主役のぼくの役割の意味を浮き彫りにする「鏡」の役割を果たして，クラス全体の「親切の意味や意義」の理解，価値の自覚を促したのである。

このように，相手役を誰が演じられるのかといった視点を持つことが肝要である。子どもたちは，問題としての考えるテーマが明確になるにつれて，登場人物の誰かに自分を重ねながら考えているため，「主役」のことを聞いても，相手役のことを答えたり，相手役のことを考えていることを「におわせる」子どもが必ずいる。それが，相手役を見つけるポイントとなる。

（3）ミス・キャストのままにならないために

　誰に自分を重ねて考えているかを判断することは，子どもたちのことをよく知る担任にとっては，普段の子どもの傾向性から，ある程度想像できる。このときの理解の方法として，普段から，子どもたちを役割で見て理解する視点を入れると良い。例えば，「この子は，自分の思い通りにならないとイライラして乱暴な役割を取ることがあるが，普段は穏やかな性格で，困っている子がいると，優しい援助者や救護者の役割を取ることができる。（だから，後者の役割に対する回りの子どもたちの承認が増えれば，もっとその役割を膨らませることで，前者の役割は収縮していくと考えられる。）」とか，「いつもニコニコしながら人と穏やかに接しているが，フォロワーとしてだけでなく，自分の得意なことでは，リーダーとしての役割も果たしたいと願っている。」といった類いである。

　だが，同時に大切なことは，子どもたちの自主性が高まるようにすることである。例えば，それまで自分を重ねていた登場人物と違う役割を演じるよう指示されたとき，子どもが自らはっきりと，自分の演じたい役割ではないことを言える雰囲気を創っておくことと，子どもからの指摘を認める度量を教師が持つことが肝要である。つまり，ミス・キャストを起こさないようにすることも大切であるが，むしろ，ミス・キャストのままにしないようにすることが，より大切である。このような「場」があって初めて，子どもたちは，安心して，創造的に，道徳的諸価値の理解を深められるのである。

（4）演者が困惑して役割の遂行が困難な場合はどうするか

　（3）のように，子どもたちからミス・キャストの自己申告があった場合，可能な限り，その子の演じたい役割が遂行されるようにする。しかし，そうではなくて，どう演じたら良いか困惑して役割遂行が困難になった場合はどうするか。このことを考えるとき，再演することを否定しないことを前提としたい。もし，役割演技は適切な演者を指名できればスムーズに役割が遂行されて，創造的な場面が演じられると思われていたとすれば，そうではない

こともあることを理解していただきたい。その上で，そのような場合の監督としての対処として考えられる方法を述べる。

　まず，演じようとする役割のイメージが明確でないために，演じられなくなる場合がある。その場合，監督は演技を中断した後，演者にどんなことをしたいのかを問い，演じたい役割をある程度明確にしてから，観客や演者に，「今のは無し。もう一度やり直します。」と宣言して，最初から演じ直すようにする。それでも，演技が中断してしまう場合，演者はどんなことができるか，観客に，アイディアを聞いていく。例えば，手品師を演じていて，披露する手品が思い浮かばずに中断してしまったのであれば，観客に，「どんな手品を知っていますか。」などと言いながら，手品のねたを披露してもらうと，演者のイメージが豊かになってくるので，最初からやり直すことを宣言して，演じ直す。このとき，観客から出たアイディアの選択は，あくまで演者の自発性に任せるようにする。

　それでも演じられない場合，演者に確認した上で，別の演者に交代する。このとき，「失敗体験」となってめげてしまいそうであれば，自席には戻さずに，脇（演じている舞台の袖）で見ていてもらうようにして，観客としての発言を求めるようにし，演じられた後の話し合いが終わった後に，再度，演者になって演じるかどうかを確かめ，演者として戻すようにするのもよい。このとき，結果として先の演者と同じような役割が演じられる場合もあるが，見ていて考えた結果である事を尊重したい。

　また，自発性が低いために演じられない場合に，他の方法として「二重自我法」があるが，その詳細は，この後「5．困ったときにはこんな手法がある」で述べる。

※）菅原友和，早川裕隆　2017　役割演技を用いた道徳教育における教師の監督技量を養成する研修プログラムの開発についての研究（「道徳教育方法研究」第22号　p.41-50）日本道徳教育方法学会

「役割演技」を取り入れるのに効果的な場面がある

1 どの場面に役割演技を取り入れるか

このことを考えるとき,次の指摘※)が意味深い。

> 「~(前略)~ 「道徳的諸価値の理解を基に」とは,①道徳的諸価値の理解を深めることが自分自身の生き方について考えることにつながっていくということだけでなく,自分自身の生き方について考えたり,②体験的な学習を通して実感を伴って理解したり,道徳的問題について多面的・多角的に捉えその解決に向けて自分で考えたり他者と話し合ったりすることを通じて道徳的諸価値の理解が深まっていくことも含まれている。
> (○数字と下線は,早川による)

(1) 中心発問の場面で演じる

②の目的で役割演技による道徳の授業を用いるとするならば,その時間のねらいに直結する,中心発問の場面での活用が考えられる。「おばあちゃんとの話」では,中心発問で,心が通じ合ったと思っていたおばあちゃんに「おめえ誰だ?」と言われたぼくの心情を問うた。さらに,子どもたちは中心発問の場面を演じることで,おばあちゃんの悲しみや喜びを実感的に理解することができた。この理解の深まりに起因して,この後,真の親切とは何なのかがテーマとなった。そのため,新たな役割を探究(創造)することで,親切に対する見返りはおろか,憶えられずに忘れられたとしても,親切にしたその瞬間には,相手にも親切が伝わって,確かに喜びが生起していることを実感することができた。そして,相手の喜びと,その喜びを自分の喜びと感じられることが,親切のよさであり,親切にすることの意味や意義である

ことを，自分事として実感的に理解（獲得）した。話し合いだけでは，互いに目が潤んだ意味を考えることから親切の意義や意味を感じられても，その後忘れられて「おめえ誰だ？」と言われてしまうショックから，さらに高度な親切の意義や意味を再構築することは，容易なことではない。現に，役割演技による授業も，忘れられてしまう理不尽さに対する怒りからスタートしている。しかし，怒りに終始せず，新たな役割の創造の形で道徳的諸価値のより深い理解をもたらすところが，まさに役割演技の神髄といえよう。

（2）中心発問で，十分価値の理解を深めた後（の場面を）演じる

　一方，冒頭で示した①については，役割演技を用いる前に中心発問での話し合いで，道徳的諸価値の意味を十分深め，その後に役割演技を用いることで，その深まった理解を基に即興的に役割が演じられ，体験的な行為を通して，自分事としてより具体的に，実感的な理解を深める効果が期待される。

　中学校の「私たちの道徳」（文部科学省）にある，「二通の手紙」を教材に用いたいくつかの授業を例にする。研修会での筆者の講座に参加した教師を，生徒に見立てて行った模擬授業である。中心発問で「なぜ元さんは，『晴れ晴れとした顔』で自ら職を辞したのでしょう。」と問い，「（たまたま今回は運よく免れたが）元さんの決まりを破るという行為は，一歩間違えれば取り返しのつかないこと，すなわち，姉弟の命を奪い，その結果，『来園者の喜び』を大切にするという自分の思いを裏切ることになっていたかもしれない。」ことに気付くことができた。「自分の思いや皆の喜びを守るために規則がある」ことを理解し，「二度と自分の思いを裏切らない生き方をしていこうと決めたから。」といった，規則を「守りたい」と思う意味が明らかになった後，「本当はあり得ないことかもしれないけれど，そんな大切なことに気付いた元さんが，もしあの場面に戻ることができたとしたら，元さんはどうするでしょう。元さんとお姉ちゃん，弟を演じてみましょう。」と言って，役割演技を行った。

①ガラガラ・ガッシャン
　元さんに指名された受講者は,「入れちゃうかもしれない。」と言いながら前に出てきた。しかし,お姉ちゃんから,「おじちゃん,お願いします。」と懇願されると,「なんだ？　入りたいのか!?……だめだだめだ,ガラガラ・ガッシャン。」と音を立てて,シャッターを下ろしてその場を立ち去ろうとする。それでもお姉ちゃんから,「おじちゃん,お願いします。」と言われると,後ろ髪を引かれるように振り返り,お姉ちゃんの側まで戻って,「なんだ？　入りたいのか!?……だめだだめだ,ガラガラ・ガッシャン。」と言って,再びその場を立ち去ろうとする。その後も同じやりとりが2回続いたが,結局中に入れることはなかった。演じられた後の話し合いで,元さんにシャッターを下ろして入れなかった理由を聞くと,最初は照れながら,「規則だから。」と言ったが,もう一度聞き直すと,「あの池には,ワニがいるんだよ。」と言って,ワニから二人を守るために,素っ気ない振りをしていたことを「白状」した。

②マー君が血だらけになるのを,おじさんは見たくないから
　別の研修会では,入園を拒否されてぐずりながら,まさに塀によじ登ろうとしていたマー君(弟)と姉に,「マー君が血だらけになるのを見たくないでしょ。おじさんも,血だらけのマー君を見たくないんだ。」と言って制止した。すると,たちまちマー君は,おとなしくなって塀から手を離してしまった。その後,さらに元さんは,「おじさんが,お母さんに手紙を書いてあげるね。」と言って手紙と,紙に書いた「招待券」を渡しながら,「明日のお昼すぎに,これを持っておいで。おじさんが案内してあげるから。」と言って,二人に渡した。マー君は,母親に言いつけられると思って小さくなっていたが,「プラチナチケット」を受け取ると,にっこり微笑んで,「うん。」と元気に返事をした。演じた後の話し合いで,マー君は,自分が血だらけになった姿が想像されて,びっくりしておとなしくなったこと,母親に告げ口されると思ったのに,「二人とも,良い子だ。」と手紙に書いてもらっただけでなく,明日入園させてくれる招待状までもらえて嬉しかったことを語った。

お姉ちゃんからは，自分の思いが尊重されたことと，弟が喜んでいたことを何よりも喜ぶ気持ちが語られた。元さんを演じた受講生は，「お姉ちゃんのけなげな思いを大切にしてあげたかった。でも，規則を破って，子どもたちが怪我をしてしまうことは，絶対にしたくなかった。手紙には，明日は午後から非番なので（演者による設定），お母さん宛の手紙に，自分が案内するから動物園に来ることを許可してほしいと書いた。明日自分が園内を案内することで，お姉ちゃんの思いも，弟の喜びも，入園者の幸せを願う自分の思いも，園の規則を尊重し，規則を破ることなく叶えたかった。」とその思い（演じた役割の意味）を語った。

③おじちゃんが案内するから，離れちゃダメだよ

先日筆者が飛び込みで行った，中学校での授業である。元さんは，お姉ちゃんに，「おじちゃん，お願いします。」と懇願されると，すこし戸惑った後，「規則だから，入れちゃいけないんだ。（沈黙）……。だから，おじちゃんが案内してあげるから，おじちゃんについておいで。離れちゃダメだよ。」と言って，二人を中に入れた。元さんに，「離れちゃダメだよ。」と言われるたびに，弟のマー君は，ニコニコしながら大きく頷いていた。

演じた後の話し合いで，元さんを演じた生徒は，「子どもたちを守るために規則を守りたいし，お姉ちゃんの気持ちも大切にしたかった。だから（その規則に込められた思いを尊重して），自分が案内することで，中に入れてあげようと思った。」と，規則に込められた思いを踏みにじらない，ぎりぎりの行為を選択し，実践したことを説明した。

2　両方向性の循環

　さて,（2）で見た授業の実際は,全て「規則を守る意味」の理解を深め,その理解を基に具体的に創造した新たな役割で,「行為」としてその理解を表現し,明確化したといえる。つまり,頭で理解した認知を,相手との関係の中で示し,さらに,即興的に再構築していった結果と考えられる。もちろん,この場合,どう振る舞ったら良いのか,最善の「方法」を見出すことが目的ではないことは言うまでもないことである。つまり,単なる行為や行動の指導では無いということである。

　このとき,道徳的諸価値の理解を深め,それが自分自身の生き方の表現として,役割演技による新たな役割の創造で再構築されるという一方通行的な学びの深まりだけでなく,道徳的諸価値の理解が再構築された結果として表現された役割の意味を吟味することによって,さらに,道徳的諸価値の理解が深まるという「循環」が生じていると考えられるのではないだろうか。

　一方で,（1）でもこの循環が確認された。

　この授業で,観客の女児が「おばあちゃんは太郎に親切にされたときの喜びは10で,その後忘れて喜びは0になる。そして,また太郎に親切にされると10になって,10と0の繰り返しだ。でも太郎はおばあちゃんと違って,おばあちゃんに親切にして喜んでもらえた喜びが15になり,20になり,25になるけれど,0には戻らない。」と解釈し,親切の意義や意味の理解が深まったことは既に述べたとおりであるが,この女児は,その週に市役所に行ってボランティア登録をし,その数日後にはボランティアとして,老人施設のお年寄りたちとの交流を深めていた。つまり,役割演技を通じて道徳的諸価値の理解が深まり,さらに,それを基にして,自発的に自分の生き方を考え,行動に移した（実践した）と言える。

　このように考えると,図8で示した①や②の他に,「道徳的諸価値の理解を基に」には,この循環があるのではないだろうか。つまり,役割演技による道徳的諸価値の理解とは,

・道徳的諸価値の理解が深まる→自分の生き方を考える（図8の①）
・自分の生き方を考える→道徳的諸価値の理解が深まる（図8の②）
のどちらかに分節できるものではなく，「道徳的諸価値の理解」と「自分自身の生き方」のどちらが先であっても，循環するように深まり，拡がっていくと考えられると思われる。

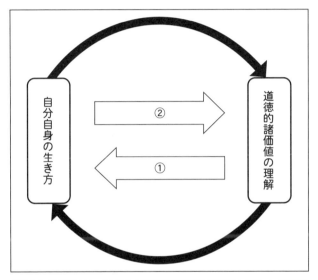

【図8】役割演技における「道徳的諸価値の理解を基に」の解釈

※）中央教育審議会　2016.12.21　幼稚園、小学校、中学校、高等学校及び特別支援学校の学習指導要領等の改善及び必要な方策等について　p.222

「役割演技」を取り入れるのに気をつけたいことがある

　役割演技を取り入れる際に聞かれることで特に気をつけてほしいことを記す。

Q．1　隣同士や小グループで演じるようにした方がいいのではないか？
　子どもたちの活動性の視点や，演者と比較しての観客の効果に関する疑問から，よく聞かれる疑問である。

A．1　監督の不在……問題のテーマ化が難しくなる
　「動作化」ならば良い。例えば，「アンデルスは帽子をどのくらい強く押さえたのかな。王様とアンデルスになってやってみましょう。」と言って隣同士で動作化させると，子どもたちは，王様に取られまいと，力一杯お母さんの作った帽子を押さえるアンデルスを演じるであろう。だが，「役割演技」として用いる場合，監督が不在になるので，①（結果的に）各自のテーマに任されてしまい、何が起こってるのか，道徳的問題の発見や演じられた意味の吟味が適切に行われない　②子どもたちが，「演じた満足感」から，その後に（代表が）全体の前で演じても，観客の関心がそがれ，結果として演じられた役割の意味の吟味が不十分になる　③演じることの「傷つき」が起きても，見過ごされてしまう可能性がある　等といったことが危惧される。前述の通り，演じられた後の話し合いによって，観客と演者の実感的理解の深まりや，その共有がなされることから考えても，「演じた後の話し合い」の充実は重要である。また，時々監督である教師が演者を演じることがみられるが，例えば『橋の上のおおかみ』で教師が熊を演じると，監督が不在になって演じられた意味の吟味が十分なされないばかりか，教師に抱きかかえられる喜びを味わうことが目的になってしまいかねない。子どもが演じづらい

役割は，他の教師や，授業参観の保護者に依頼するなどして，授業者は役割演技の監督として，その役割の遂行に専念することが肝要である。

Q．2　いじめの場面を役割演技で演じると，効果があるのではないか？

A．2　いじめる，いじめられる場面は，絶対に行わない

　道徳科は，「いじめ」問題への対応の充実の観点からも改善が図られたことは事実である。しかし，「役割演技でいじめの場面を演じるようにすれば，いじめの惨さを子どもたちが実感し，抑止になる」といった短絡的な理解での，安易な利用を横行させてはならない。それはなぜか。

　役割演技は，セラピーとしての「心理劇」を起源としている。役割演技で演じるとは，「実際に自分の身体や声を使い，他者や自分の生の感情を感じながら「生きる」ことですから，そこで肯定的な気分を味わえば，それが当然，治療的効果を生み出します。～（中略）～ネガティブな気分を味わうことになれば，そのダメージや傷は「現実」のものとかわらないことになる」[1]。たとえ，架空のシナリオに基づいた「演劇」としてでも，ダメージを受けることがある[2]。ましてや，いじめを受けた経験がある子や，現在いじめられている子どもがいじめられる役を皆の前で演じさせられることのダメージは，計り知れない。現在いじめを受けていない子であっても，過去に受けたと感じたことはないと言い切ることはできないことを考えると，フラッシュバックを起こした場合，不登校になったり，最悪，命を絶ってしまうこともあり得るという意味で，警鐘を鳴らす。そんな辛さを実感しなくても，例えば，「公正・公平・社会正義」のよさ，「寛容」の大切さや意味，意義といった，道徳的諸価値の理解を深めることはできるし，むしろ，その実現をこそ，道徳科が成すべきことであることを肝に銘じたい。

1）尾上明代　2011　子どもの心が癒され成長するドラマセラピー　―教師のための実践編　戎光祥出版　p.25
2）例えば，今関信子　2007　ぼくらが作った「いじめ」の映画　佼成出版

5 困ったときにはこんな手法がある

　役割演技の基となっている，心理劇で用いられる手法を紹介する。

(1) 役割交代法
　単に，演者がそれぞれ演じた役を「交換」して演じることとして理解されがちであるが，交代の目的が自己の役割の深い理解にあることから，必ず，交代前の役に戻して，新たな役割を再構築できるように支援することが肝要である。

　この他に，単に役割を交換するだけでなく，自己の生き方，すなわち自己の役割の理解を深めることを目的とした，次のような２つの役割交代の方法が考えられる。すなわち，演者Ａと演者Ｂとで演じた後，
①演者Ｃが演者Ａの演じた役割を演者Ｂとの間で再現するのを，演者Ａは観客として客観的に観察した後，再度演者Ｂと新たな役割を演じる。
②演者Ａは，Ａが演じた役割を再現する演者Ｃの相手として演じた後，再度もとの演者に戻って演者Ｂとの間で，新たな役割を演じる。
①は，演者Ａは，自分自身の演じた役割の意味を観察して，②は，自分が相手に対し果たした役割を自分で受けて，自分の演じた役割の意味を吟味することになる。どちらの方法でも，吟味後，メタ認知された自己の役割の理解を基に再構築された自己の新たな役割を演じるので，開発的な意味が強い。

(2) 二重自我法
　自発性が低い子どもが演じるとき，あるいは，演じることが困難な役割を演じるときに，演者以外の子どもが演者の後ろに立ち，演者が思っているであろうことを，あたかも演者自身が発しているように，言葉で発するようにする。いわば，二人で一役を演じる方法である。

「役割演技」を取り入れた 授業実践

ここからは実践編です。特に,「演者をどう選んだのか」「演じられた後の話し合いをどう持ったのか」,その結果,授業はどう展開されたのか—具体的なイメージをお伝えします。

A 主として自分自身に関すること

小学校・低学年　お月さまとコロ

本時のねらい

　自分が間違ったことをしたときに，素直に謝ることはなかなかできないことではあるが，謝るかどうかいつまでも迷うより，たとえその時は辛くても，勇気を出して相手に謝罪する方が，自分も相手もずっと良い気持ちになることを理解し，過ちを犯したときには素直に認め，謝ろうとする心情を育てる。

教材の概要

　コオロギのコロは，すぐに怒ったり文句を言ったりするので，友達はギロだけであった。ところがある日，コロは母親に怒られた苛立ちをギロにぶつけ，ギロを怒らせてしまった。
　一人ぼっちになってしまったコロは，お月さまの言葉を聞いて，自分の悲しい思いに気付き，素直な気持ちでギロに教わった歌を歌うことができた。このときコロは，ギロに対して素直になれなかった自分を反省し，明日はギロに謝ろうと心に決めた。

ねらい達成のために役割演技を取り入れるポイント

　自分の心に素直になると，心が晴れ晴れとすることが分かったコロの気持ちを理解したとき，その思いを友達のギロにも伝えることでさらにそのよさを実感できるであろう。教材には載っていない，コロがギロに翌日会う場面を設定し，児童が演じたいコロを役割演技で演じることで，素直な気持ちで接することで，友達と仲良く，明るい気持ちで過ごすよさを児童が実感的に理解できるようにしたい。

主題名　すなおにのびのびと
　　　　出典：『わたしたちの道徳　小学校1・2年生』（文部科学省）

◎板書例

演者選定のポイント

　役割演技では，コロはギロに謝って，仲直りをしたいと願うであろう。コロは自分勝手なわがままな気持ちで，相手を傷つけたことを反省し，自分の心に素直に明るい気持ちで過ごすと心が晴れ晴れすることに気付く。誠実の意味が理解できるよう，むねを張って歌ったときの気持ちを，「素直に歌うとすっきりする。」「嬉しい気持ちになる。」といった，素直のよさを想像する発言をした児童を，コロ役に指名する。

　また，ギロには，けんか別れしたコロを心配したり，「ギロに届けたい思いで歌った。」等，ギロの心情に自分を重ねて考えている児童を指名する。役割演技でギロに謝るコロを素直に受け入れられるようにすることで，誠実に接するよさが，実感的に理解できるものと考える。

本時の展開

◆導入

○コオロギって，どんな虫？
・絵を提示しながら，コロとギロを紹介する。
□物語に興味を持ち，授業に積極的に参加できるようにする。

◆展開

発問1 ギロの誘いを断ったコロはどんな気持ちだったのでしょう。
□ギロに誘われて断ってはいるが，本当はちょっと興味があって一緒にやってみたいコロの複雑な気持ちに気付くようにする。
・コロがなぜイライラしているのかを問う（ギロには「八つ当たり」しているだけで，母親にしかられたことを怒っていることに気付くようにする。）
・1回目に断ったときと，2回目，3回目と断ったときのコロの気持ちのちがいから，ギロに対するコロの甘えに気付くようにする。
・怒ったギロに「もう，きみとはあそばない。」と言われたときのコロの気持ちを問う。

発問2 草のつゆの玉にうつる自分の顔を見て，コロはどんなことを思ったでしょう。
□「謝りたい。」と「謝りたくない。」の二つの心で揺れるコロが，独りぼっちになって悲しい顔になっていることを知り，本当はどうしたいと思っているのかを想像させる。
・謝りたい気持ちと謝りたくない気持ちのそれぞれについてのコロの思いを問う。
・自分の悲しい顔を見て，涙がでてきた理由を問う。

発問3 むねを張って歌ったとき、コロはどんなことを思ったでしょう。
□お月さまの言葉を聞いて、コロは自分の本当の気持ちに気付き、自分の心に素直になると、心が晴れ晴れすることを理解する。
・コロがギロに教わった歌をどんな気持ちで歌ったのかを問う。

▼ 役割演技

○あなたの演じたいコロとギロを、役割演技で演じてみましょう。
・翌日、コロとギロが出会う場面を演じるようにする。その際、偶然出会うのか、それとも、コロがギロに会いに行くのかは、演者が決めるようにする。相手役のギロはどんな気持ちでいるかを語る児童をギロに指名する。
例）「『ギロ君は悲しかったろうな。』って、コロくんは、ギロくんから教わった歌を歌っていた。」

▎演じられた後の話し合い

　まず、観客に①コロについて、その表情や言動とその背景にある心情を問う。続いて、②ギロはどんな返事をしたのか、どんな表情や言動をしているように見えたかを問い、その意味をみんな解釈するようにする。
　さらに、演者に、話した言葉や表情、動きの意味を問う。そのときに観客が解釈した内容を用いて問うことも交えながら、自分に素直になって謝るよさについて、演者と観客の別なく、実感的に理解できるようにする。

◆終末
　話し合いの後、「今日の授業で分かったことを書きましょう。」と課題を与えて、ワークシートを書くようにする。その際、何を書いたら良いか迷っている児童には、例えば、「またコロはギロに、怒ったり文句を言ったりするかな。」と問い、ワークシートに思ったことを書けるようにする。

授業の実際

(1) 演者の設定場面

　発問2において、授業者が「草のつゆの玉にうつる自分の顔を見て、コロはどんなことを思ったでしょう。」と発問した。これに対してA男は「本当は仲直りしたいんだけど、ちょっと恥ずかしい。」と答えた。これは、コロがギロに謝って仲直りしたいのだけれど、謝ることに気が引けるもどかしさを語っていると捉えることができる。そこで、授業者は「恥ずかしいのはどうしてかな。」と質問したところ、A男は「正直に言わないとだから。」と答えた。伝えたくても伝えられない、素直に謝る難しさをA男は示していた。

　そこで、発問3において、「むねを張って歌ったとき、コロはどんなことを思ったでしょう。」と発問し、A男を再度指名した。A男は「恥ずかしかったけど、歌ったらすっきりした。」と答えた。また、B子は「ギロに謝りたい気持ちで歌った。ギロはすごく怒っているから、ギロから教えてもらった歌を歌えば喜んでくれると思って。」と答え、コロの気持ちだけでなくギロの気持ちを考えていることを想像した。このときA男は、「この後、謝ったのかな。」と教材の続きを気にする発言をしている。本実践では、教材後半の謝りに行く場面を削除して提示したため、この発言をきっかけにし、A男のコロがB子のギロに、翌日会いに行く場面を役割演技で演じるようにした。

(2) 役割演技の様子

　コロはギロのところへ謝りに出かけたが、なかなか近づくことができない。ゆっくりと歩いていって、そっぽを向いているギロに、おそるおそる「実は……。」と話しかける。すると、ギロは「もう話なんて聞かない。ぷい。」とコロを突き放してしまう。コロは一度は下がったものの、意を決して「前は謝らないでごめんね。」と伝えた。すると、少し間を空けて、ギロはコロの顔をしげしげと見た後、笑顔で「いいよ。」と答えた。ほっとしたコロは、再び謝り、「一緒に歌おう。」と誘った。ギロは嬉しそうに「いいよ。」と答

え，どうやって歌おうか相談を始めた。それから二人は肩を組んで，「ピッピッコロコロコロ。」と楽しそうに歌い，また明日も一緒に遊ぼうと約束をした。

（3）話し合いの様子

観客はコロがすごく不安そうな顔で，ゆっくりとギロに近づいていたことや，少しかがみながら進んでいた様子から，コロはギロに許してもらえないのではないかと不安に思っていたと指摘した。一方，ギロは別の方を向いていて，コロが近づいてきているのをちらちら見ているだけで，ほっぺをふくらませて腕を組んでいて，怒っているみたいだったと指摘した。

さらに，コロが思い切って声をかけたとき，ギロにすぐに遮られ「もう君とは話さない。」と言われたとき，コロはもう許してはもらえないのかと不安そうな顔であったが，あきらめずにもう一度話しかけていたと指摘した。

この後，演者に確認すると，コロは「やっぱり駄目かなと思っていたら，断られてやめようかと思ったけど，友達に戻りたいから，謝って許してもらおうと思った。」と諦めなかった理由を語った。一方，ギロも「すごく怒っていたから，一回目は断ろうと思っていた。だから，二回目のときはすぐに許した。」と語り，「最初から許してあげようと思っていた。」「早く一緒に遊びたかった。」と付け加えた。

評価のポイント

観客や演者が授業中に発言していた内容で，ねらいの「素直になるよさについての理解」が深められたかどうか，また，ワークシートの記述にも，それが表れた内容が示されたかどうか，この視点から学習状況に注目する。友達と仲直りできて良かっただけにとどまらずに，友達とどう接するのか，自分はどうしたいと思ったのか，登場人物に重ねた自分の思いについて，考えられるようにする。

（土田　健太郎）

A　主として自分自身に関すること

小学校・中学年　「正直」50円分

本時のねらい

　正直は正しいことであることを，中学年であれば多くの児童が知っている。しかし，損をしてしまう，格好の悪いことだ，叱られる等の理由から，正直でいることが難しいことも知っている。

　本時では，自己中心的な判断で人をごまかさずに正直に行動することは，さらなるうそやごまかしを重ねなくてすむだけでなく，人との信頼関係をより強固にすることを理解する。

教材の概要

　たけしとあつしの兄弟が買ったたこ焼きのおつりを，たこ焼き屋のおっちゃんの間違えで，50円多くもらってしまう。そのことに気付いたとき，いったんはごまかそうとした兄のたけしであったが，その後，どうしたら良いか考えたあげく，弟と一緒に，正直に50円を返すことにする。

　すると，50円を返しに来た二人におっちゃんは敬意を示し，たこ焼きをご馳走してその喜びを兄弟に表した。

ねらい達成のために役割演技を取り入れるポイント

　子どもたちは，たけしとあつしの兄弟の正直の意味やよさを，たこ焼き屋のおっちゃんの喜んだ姿から感じることができるであろう。正直のよさを実感させるために，たこ焼き屋のおっちゃんに，間違って渡されたお金を返しに行くかどうか，兄弟で考えるところから，即興的に役割演技で演じさせる。そして，演じられた意味について，明確にすること，道徳的価値の実感的な理解を深めるようにする。

主題名　正直になると

出典：『４年生のどうとく』（文渓堂）

◎板書例

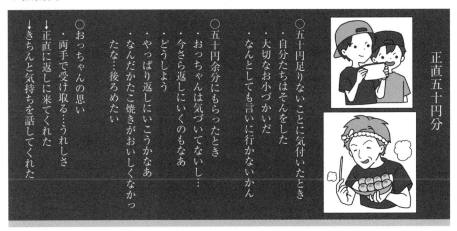

演者選定のポイント

　役割演技では，たけしとあつしの兄弟が，たこ焼き屋のおっちゃんに，おつりを50円余分にもらってしまったことに気付いたとき，返すべきかどうか迷うであろう。もうかってみえるおっちゃんは，おつりを多く渡したことに気付いていないし，今さら返しに行く気まずさもあり，改めてお金を返しに行くことを，少なからず躊躇する気持ちに共感すると考えられる。

　そのため，それを乗り越えてたこ焼き屋のおっちゃんにお金を返す兄弟の役割の意味を実感的に理解できるよう，正直にお金を返しに来た二人に対し，喜びを伝えられるおっちゃんが求められる。兄弟が悩んでいる内容を想像する場面で，おっちゃんの立場で考える児童を見つけ，おっちゃん役に指名することがポイントである。

本時の展開

◆導入

○みなさんは，たこ焼きは好きですか。
□教材への導入を図る。

◆展開

発問1　50円足りないことに気付いたたけしは，どんな気持ちからおばちゃんのところへ行ったのでしょう。

□損をしないように言いに行く兄弟の気持ちに共感させる。
・お金は，兄弟にとっては一週間分の貴重なお小遣いでとても大切なお金であることにも気付かせる。

発問2　おっちゃんから渡されたおつりが多いことに気付いたのに，そのまま財布の中に入れてしまったたけしは，どんな思いでいたのでしょう。

□黙っていようか正直に言おうか，迷う気持ちの葛藤に気付かせる。
・どんな風（すばやく，そっとばれないように等）にして，財布にお金をしまったのだろう。

発問3　公園で黙ったままたこ焼きを食べているたけしは，どんなことを考えていたでしょう。

□ごまかしていることへの後ろめたさに気付かせる。
・食べたたこ焼きの味はおいしかったかどうか。

　　　　　　　　　　　▶ 役割演技 ◀

○公園でたこやきを食べている場面から，自由に演じてみましょう。
・おつりが50円多いことをあつしに指摘されて，どうしようか迷ってい

> る兄たけしと弟あつしを演じさせる。その後，演じられる役割演技の内容により，おっちゃんのところにお金を返しに行く場面を設定する。

演じられた後の話し合い

　まず，観客に兄弟の様子について，どんな表情で，何を話していたのかを問い，言動の背景を解釈するよう支援する。次に，演者に，演じた役割の意味を，観客の解釈も交えながら問い，兄弟の思いが各々明確になるようにする。
　たこ焼き屋のおっちゃんを登場させた場合では，①兄弟②たこ焼き屋のおっちゃんの順で観客に問う。その後，演者にも同様の順で，演じられた役割の意味を問う。さらに，たこ焼き屋のおっちゃんの思いを知った感想を兄弟を演じた演者に求めるようにし，誠実に行動するよさが明確になるようにする。さらに，必要に応じ，同じ場面を再演するのもよい。

◆終末

　話し合いの後，「今日の授業で学んだことを書きましょう。」と投げかけ，ワークシートに記述させる。その際，「おっちゃんの正直50円分のたこやきの味はどんな味か。なぜそう思うのか。」と，書く視点を与えてもよい。

授業の実際

（1）演者（たけしとあつし）の設定場面

　発問3において，授業者が「公園で黙ったままたこ焼きを食べているたけしは，どんなことを考えていたでしょう。」と発問した。これに対して，A子は，「今まで，食べたたこ焼きの中で，一番おいしくなかった。」と答えた。そこで，「なぜ，今までで食べたたこ焼きの中で，一番おいしく感じられなかったのか。」と問うと，A子は，「おばちゃんには，足りない50円をもらいに行ったのに，余分に50円おっちゃんからもらっていて，嫌な感じだから。」と兄たけしの心情に寄り添っていることが確認された。また，B子も同様の発問に対し，たこ焼きの味の鈍さやおっちゃんに対する後ろめたさについて

発言したため，たかしにA子を，あつしにB子を選んだ。

(2) 役割演技①の様子
○おいしくないたこ焼き
　たけしとあつしの兄弟は，公園のベンチでたこ焼きを食べた。二人とも下を向きながら，ゆっくりとたこ焼きを口に運んでいた。二人とも黙々とたこ焼きを食べ続け，全てのたこ焼きがなくなったころ，たけしが「たこ焼き，あまりおいしくなかったね。」と言い，あつしは，「うん。」と頷いた。
　しばらく沈黙が続き，たけしが「どうしようか。」とあつしに言い，また沈黙が続いた。

(3) 話し合いの様子①
　観客に，たけしがあつしに，たこ焼きの味があまりおいしく感じられなかったことについて聞いたのはなぜなのかと問うと，「たこ焼きを食べても食べても，いつものおいしいたこ焼きの味に思えなくて，あつしも同じ気持ちなのか確認したくて聞いたんだ。」と解釈した。次に，授業者が，おいしく感じられなかった理由について問うと，「たこ焼き屋のおっちゃんに50円多かったことを伝えなくてはと思っているけれど，今さら言いに行けない。」という，すっきりしない気持ちが指摘された。
　この後，演者に確認すると，たけしもあつしも観客の指摘にあったように，今さらという気持ちもあるけれど，いつもみたいにおいしいたこ焼きを食べたいという感想が聞かれた。そこで，たこ焼き屋のおっちゃんを指名して，汗を流しながらたこ焼きを焼いているおっちゃんのところに，兄弟が行く場面を演じさせることにした。

(4) 役割演技②の様子
○両手で
　兄弟がたこ焼き屋のおっちゃんの前に立つと，事情を知らないおっちゃん

は「どうした。また，たこ焼きが食べたくなったのか。」と尋ねた。すると，たけしは「さっきのたこ焼きのおつり，50円多かったんだ。」と伝えた。すると，おっちゃんは「お，正直に言いにきてくれたんだ。えらいなぁ。」と言って，たこ焼きを焼いていた手を休めて，両手で50円を受け取った。兄弟は，50円を渡しながら，おっちゃんに頭を下げた。

（5）話し合いの様子②

　観客に，おっちゃんに50円多いことを伝えたときの兄弟の様子について尋ねると，「もう一度，おいしいたこ焼きを食べたくて，怒られるかもしれないけれど，とにかく本当のことを伝えたいと必死だった。」ことを指摘した。一方，たこ焼き屋のおっちゃんについては，「50円はおっちゃんにとっても大切なお金だし，兄弟が本当のことを伝えに来てくれたことへの感謝の気持ちもある。」と両手でお金を受け取った行為について解釈した。

　この後，演者に確認すると，「50円というお金はぼくらにも大切なお金だけれど，おっちゃんにとってもたこ焼きで稼いだ大切なお金なんだと思って，怒られるかもしれない気持ちもあったけれど，それ以上にきちんと返したくなった。」と語った。また，たこ焼き屋のおっちゃんは，頭を下げながら50円を返す兄弟に，「きっと悩んで持ってきてくれたんだろうと思って，その気持ちに対して，両手で受け取った。」ことが語られた。

評価のポイント

　観客や演者としての発言の内容，ワークシートに表れる内容に注目する。例えば，「今日の授業で，分かったことを書きましょう。」あるいは「今日の授業を受けて，正直になるということはどういうことだと考えたか。」等と問う中で，自己中心的な判断で行動しないようにすることは，自分自身を後ろめたい気持ちにさせないばかりでなく，人との信頼関係にもつながるという，正直でいることのよさや意義に関する気付きの状況に注目する。

（北川　沙織）

A　主として自分自身に関すること

小学校・高学年　うばわれた自由

本時のねらい

　自由に行動するにはそれが「正しいか，正しくはないか」をしっかりと判断する姿勢が大切であり，さらに「他者への配慮，尊重，規律ある行動」が求められる。そこで，自由とは「自分が正しいと信じる（判断する）ことに従って主体的に行動する」ことであり，だからこそ「善悪の判断」と共に「責任」と「自律」が求められるのであることに気付かせたい。

教材の概要

　国の決まりを破って勝手気ままに森で狩りをするジェラール王子を，とがめ捕らえようとする森の番人ガリュー。しかしガリューは，権力をかさにジェラール王子に逆に捕らえられ，牢に入れられてしまう。後に王が亡くなり，ジェラールが国王になるが，わがままがひどくなり，それが原因で国は乱れる。ついに，ジェラール王は裏切りにあい，囚われの身になってしまう。暗い洞窟に作られた牢屋でガリューに再会したジェラールは，自らのこれまでの行為を反省し，はらはらと涙を流す。

ねらい達成のために役割演技を取り入れるポイント

　ガリューの行為を深く理解できれば，児童はジェラールが牢獄でガリューに再会したときどんなことを思ったのか，深く考えることができるであろう。役割演技は，自分の命をかけてまでジェラールの行為をいさめようとしたガリューの真意を理解したジェラールが，牢獄から出た後ガリューと再び会う場面に取り入れ，ジェラールが牢獄で考えたこととガリューの真意とを確かめ合えるように話し合いを進めたい。

主題名　本当の自由
出典：『私たちの道徳　小学校5・6学年』（文部科学省）

◎板書例

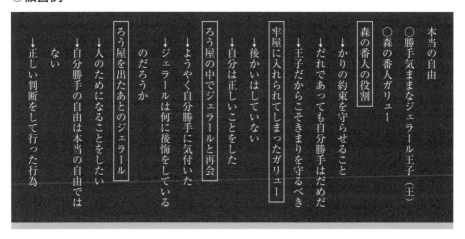

本当の自由
○勝手気ままなジェラール王子（王）
○森の番人ガリュー

森の番人の役割
→かりの約束を守らせること
→だれであっても自分勝手はだめだ
→王子だからこそきまりを守るべき

牢屋に入れられてしまったガリュー
→後かいはしていない
→自分は正しいことをした

ろう屋の中でジェラール
→ようやく自分勝手に気付いた
→ジェラールは何に後悔をしているのだろうか

ろう屋を出たあとのジェラールと再会
→人のためになることをしたい
→自分勝手の自由は本当の自由ではない
→正しい判断をして行った行為

演者選定のポイント

　役割演技では，ジェラールは，ガリューと再会したとき，牢獄で考えたことを語り，確かめ合いたいと願うと思われる。ジェラールは，ガリュー自身の命をかけてまで勇気を出して諭そうとした真意（覚悟）は，並々ならぬものがあったことに気付き，初めて「本当の自由」の意味を考えるであろう。

　本時では，「本当の自由」にとって大切なものは何なのかを明らかにすることが大切になってくる。そのため，ガリューがジェラール王子に捕らえられようとしたとき，「殺されるかもしれない。」と思いながらも，決死の覚悟で行為した意味を考えている児童を見逃さずに，ガリューとして指名することがポイントとなる。しかし，そうした児童が見られないと予想される場合は，あらかじめ他の教師に授業に参加してもらい，演者となってもらうよう依頼しておくとよい。

本時の展開

◆導入
○皆さんにとって「自分で決められること」ってどんなことがありますか？
　そのことが阻まれようとしたときどう思いますか。それはなぜですか？
□ねらいに対する導入を図る。

◆展開
発問1　ガリューは，殺されるかもしれないと思ったのにも関わらず，必死になってジェラール王子に訴えかけたのはなぜでしょう。
□森の番人としての役割と責任について考えさせる。
・日の出前に狩りをしてはならないのはなぜなのか，確認する。
・権力があり，皆から恐れられていたジェラール王子に対して，「許せない。」と言っているのはなぜなのか，確認する。

発問2　牢屋に入れられてしまったガリューは，どんなことを考えたでしょう。
□孤独な牢屋の中で事件について回想しながらも，後悔の念はないことを推測させる。
・ガリューの言っている「本当の自由」とは何かについて考えさせる。
・ジェラール王子になおさら手本になってほしいと言っているのはなぜかを問う。

発問3　ガリューは，牢屋でジェラール王の言葉を聞いて，どんなことを思ったでしょう。
□ガリューの行動の結果，ようやくジェラール王が自分のした行為に，後悔の念を抱いていることを確認する。
・ガリューはなぜ，ジェラール王が涙を流していると思っているのか。

・ガリューの言う「自由」とはなにか。

> 役割演技

○ジェラールとガリューを演じて，考えてみましょう。
・ジェラールもようやく牢屋から出られ，偶然にもガリューに出会えた場面を演じさせる。
例）「ガリューが石に腰をかけて体を休めているところに，偶然，牢屋から出られたばかりのジェラールが通りかかりました。ガリューも，ジェラールも相手に気付いています。何か話しかけたくなったら話しかけてください。何も話しかけたくなかったら話しかけなくてもいいです。自由に演じてください。」

演じられた後の話し合い

まず，観客に①ジェラールが語った言葉やその様子（表情やしぐさ等）を聞き，そのときどんなことを考えていたのか想像させ，発表させる。次に，②ガリューが語った言葉やその様子（表情やしぐさ等）を聞き，そのとき，どんなことを考えていたのか想像させ，発表させる。

その後，演者それぞれに，演じられた役割の意味を問い，観客の解釈も含めてそれらを吟味しながら，道徳的諸価値に関する理解が明確になるように話し合いを進める。

◆終末

前述の話し合いの後，演者を自席に戻してから，「今日の授業で，分かったことを書きましょう。」と投げかけ，ワークシートに書かせたり，「今日の授業を受けて，自由であるということはどういうことであると思うか。」あるいは「王や王子であるときのジェラールに足りなかったものはなにか。」等と問い，各自の理解を発表させたり，ワークシートに記述させたりする。

授業の実際

(1) 演者（ガリューとジェラール）の設定場面

　発問3において「ガリューは，ジェラール王の言葉を聞いて，どんなことを思ったでしょう。」と発問した場面で，ガリューの言う自由が何なのかを問うと，A男は「王の立場もあるのに，自分勝手にふるまったジェラールと違って，ガリューはみんなのために自分の責任を果たしていた。それ（責任を果たすこと）があって行う行為が自由だと思う。」と語った。一方，授業者がここでジェラール王の涙の意味を，ガリューがどのように捉えているのかを問うと，B男が「国が乱れたのは，ガリューの言葉を受け入れなかったからだと後悔していると思う。ジェラールのように，自分勝手に振る舞う人がどんどん増えて，最後には裏切られてしまった。そのことに気付いたジェラールに同情もしているし，これから，変わってほしいと思っている。」と続けた。

　このように，A男はガリューの行為の意味を，B男はジェラールの後悔の内容を明確に理解していると判断し，役割演技での演者とした。

(2) 役割演技の様子
○　人のために

　役割演技では，ジェラールもようやく牢屋から出られ，偶然にも，石に腰掛けて休んでいたガリューに出会えた場面を演じるようにした。

　牢屋から出られたジェラール（B男）は，下を向いて重い足取りで歩いていたが，ガリュー（A男）を見つけると，「僕もやっと出られたよ。」と話しかけた。ガリューが「そうか。やっと自由になれたんだ。」と答えるとジェラールはうなずき，「これからどうするんだ。」と聞かれると，「王ではなくなったけれど，これまでみんなに迷惑をかけて生きてきたから，何か人のためになる仕事を見つけて生きていくよ。」と答えた。ガリューはジェラールの言葉に頷いた。

（3）話し合いの様子

　この後の話し合いでは，観客はジェラールについて，「自分勝手なふるまいをしてきたことをとても後悔している。」「自由になったからこそ，（自由を）人のために（生かすすべが）何かないかを考え始めているのではないか。」と指摘した。一方，ガリューについては，ジェラールに対して，「恨みとか憎しみとか，そういうことは何も言わなかった。」「ジェラールが自由になるのを待っていたのだと思う。」と指摘した。また，「これからどうするのか聞いたのは，これからジェラールがどんなふうに生きていこうとしているのかを知りたかったからだ。」という解釈もあった。

　この後，観客からの指摘について演者に確認すると，ジェラールは，「自分勝手なふるまいをとても後悔していて，牢屋から出されて，自由になったからこそ，迷惑をかけてきた分，人のために，何かできることを考えたい。」と語った。一方，ガリューは，「これまでしたいことをしたいようにする自由を楽しんでいたジェラールが変わったのかどうなのか知りたかった。その理由は，王や王子のころと同じままだと，自分勝手を繰り返すのではないかと思い，（ジェラールに）本当の自由を知ってほしかった。」と語った。

評価のポイント

　観客や演者としての発言の内容，ワークシートの内容に表れる内容に注目する。例えば，「今日の授業で，分かったことを書きましょう。」「今日の授業を受けて，本当の自由とはどういうことであると思うか。」あるいは「王や王子であるときのジェラールに足りなかったものはないか。」等と問う中で，自由とは「自分が正しいと信じる（判断する）ことに従って主体的に行動する」ことであり，だからこそ「善悪の判断」と共に「責任」と「自律」が求められるのであることに気付いている記述に注目する。

（北川　沙織）

A 主として自分自身に関すること

中学校 裏庭でのできごと

本時のねらい

他人の言動に左右されるのではなく，自分の良心に基づいて善悪の判断をし，自分の過ちをあやふやにせずに，毅然とした態度で誠実に行動しようとする，誇りある行動のすがすがしさを実感的に理解し，常に誠実に，責任ある行動を取ろうとする判断力を育てる。

教材の概要

ある日の昼休み，健二は，大輔に誘われ，雄一とともに裏庭でサッカーボールを蹴り始める。そのとき，一匹の猫が物置の軒下にある鳥の巣をおそうとしていたのを大輔が見つけた。雄一は，巣の中のひなを助けようと猫をめがけてボールを蹴るが，物置の天窓のガラスを割ってしまう。窓ガラスを割った自分の過ちを報告しようと雄一が職員室に行っている間，大輔に誘われた健二は，再び大輔と共にボールを蹴り始めた。すると，健二が蹴ったボールが，さっき割れた隣のガラスを割ってしまった。そのため，健二が割ったガラスも雄一のしたこととなってしまった。

ねらい達成のために役割演技を取り入れるポイント

大輔の言い訳にのって，素直に自分の過ちを伝えられていない健二の気持ちを考える。素直に謝りに行った雄一の気持ちを想像し，やはりこのままではいけないと謝りにいくことを決意した健二。その思いを役割演技の中で，健二は大輔にどのように伝えることができるか。そのとき演じられた役割演技から，大輔の心も動かし，さらには，自らの過ちを素直に認め，誠実な行動をとる人間としての誇りや，大切さに気付かせたい。

主題名　気高き判断
　　　　　出典：『中学校読み物資料とその利用第１集』（文部科学省）

◎板書例

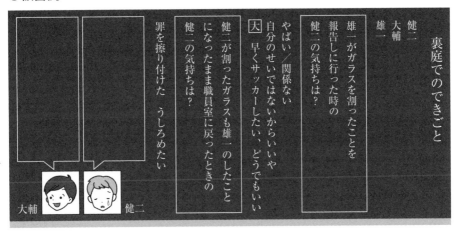

演者選定のポイント

　中学生になると，何が正しく，何が誤りであるか，ある程度自主的に考え，判断することができるようになってきている。しかし，その反面，悪いと分かっていても誘惑に負けたり，周囲の「空気」を気にして，他者の言動に左右されてしまったりすることも少なくない。また，日常生活の中で起きる些細なトラブルにおいても，自分の良くなかった部分を棚に上げて，「自分は悪くない。」「相手がやってきたから。」と，全ての責任を相手に負わせて，自分を正当化しようとする生徒も少なくないように思う。

　この授業を行うにあたり，これまでの自分の経験を振り返り，アンケートを実施した。アンケート結果と，現在の学級の様子を見て，日常の役割に本時のテーマを抱える，役割演技の演者ができそうな生徒を選出する。

本時の展開

◆導入
○今までに，過ちを隠してしまったことや隠そうとしたことはありませんか。

◆展開
発問1　雄一がガラスを割ったことを報告しに行ったとき，健二はどんなことを思ったでしょう。
□ひなを助けようとしてガラスを割ってしまった雄一と，その場にいた健二の気持ちを想像する。
　・自分の考えや意見を自由に発表できるような雰囲気をつくる。
　・そのときの大輔の気持ちも問うようにし，3人の違いを明確にする。

発問2　健二が割ったガラスも雄一がしたこととなったまま先生が職員室に戻ってしまったときの健二は，どんな気持ちだったでしょう。
□一時的には責任を逃れられても，それは，いろいろな人たちをだましていることであることに気付くようにする。
　・なぜ，健二がすっきりしていないのかを考える。
　・雄一の気持ちを想像するようにさせる。
　・そのときの大輔の気持ちも問う。

発問3　健二は電話で大輔にどのように自分の気持ちを伝えたのでしょう。
□謝りに行く日の朝，健二は大輔に電話をした。そのときの電話のやり取りを想像する。

>>> 役割演技

○健二が大輔に電話をしたときの電話のやり取りを想像し，健二と大輔を役割演技で演じてみよう。

・このままではいけないと思った健二が翌朝，大輔に，自分の気持ちを伝えようと，電話をする場面を演じることとする。健二が大輔に語る，雄一に責任をなすりつけたことに対する思いや，ごまかしていることへの後ろめたさをどのように語るか，あるいは，初めは納得しない大輔に対してどんな話をするか，その話を受けた大輔がどう変わるか変わらないか，その役割の変化とその意味について，自分事として演者と観客が共感し，実感的に理解できるようにする。

予想→　健二：「やっぱり，自分が割ったことだから，雄一のせいにしてごまかしてはいけないと思うんだ。」

　　　　大輔：「そうだよね……。僕も一緒に謝りに行くよ。」

演じられた後の話し合い

　まず，観客に，健二と大輔がどのように見えたのか，その様子を問うことで，過ちを認め，誠実に行動する健二の気持ちを理解し，誠実に行動することのよさに気付かせるようにする。さらに，演者に①健二②大輔の順に，実際に演じてみて，なぜそのような言葉が出たのか，演じられた役割の意味を問い，全体で，健二と大輔の気持ちを共有できるようにする。

◆終末

　「もし，自分が健二の立場だったら，どのように電話で大輔に気持ちを伝えるか。」，「もし，自分が大輔の立場だったら，謝りに行くことを決めた健二にどのような言葉をかけるのか。」などを問いながら，今日の授業で，気付いたこと，感じたことや考えたことなどをワークシートに書けるようにする。

授業の実際

(1) 演者(健二と大輔)の設定場面

　本来ならば,発問1「雄一がガラスを割ったことを報告しに行ったとき,健二はどんなことを思ったでしょう。」と,発問2「健二が割ったガラスも雄一がしたこととなったまま先生が職員室に戻ってしまったときの健二は,どんな気持ちだったでしょう。」の2つの発問の反応から,健二の気持ちに近い生徒と大輔の気持ちに近い生徒とを見極め,演者を選出していくことが望ましいが,今回は事前に実施した,自分の経験を問うアンケート結果から,「自らの過ちをすぐに認めることができたが,その過ちをすぐには謝れなかった。」と答えた生徒に健二役を,「自らの過ちをすぐには認められず,すぐに謝れなかった。」と答えた生徒に大輔役を演じるようにした。

　最初に演じた2人は,学級の中でリーダー核のA男とB男である。2回目に演じた2人は,女子ペアで,あまり自分の気持ちを表に出さないA子を健二役にし,自分の意見を主張し,活発なB子を大輔役に指名した。両ペアとも,学級の中で鍵となっている生徒でもあったので,役割演技を通して,何か得られるものがあったらという担任の思いで選出した。

(2) 役割演技の様子

〇健二:「やっぱり謝りに行こうと思うんだけど……。」
〇大輔:「別にいいんじゃない？　謝ってもまた怒られるだけだよ……。」

　罪をなすりつけられたままの雄一の気持ちを考え,やはり,このままではよくないと,翌朝,職員室に謝りに行くことを決心したことを大輔に伝えようと,健二は大輔に電話をしたが,大輔からは,予想に反した言葉が返ってきた。

(3) 話し合いの様子

　健二の様子を観客に問うと,健二の表情や言葉から「とても反省している

ように見えた。」、「雄一だけに罪をかぶせてしまっていて罪悪感が残っている様子。」と答えていた。しかし、大輔の様子を問うと、「大輔は今更謝りに行っても仕方ない……。」という思いが強く、「大輔は反省をしていない、大輔自身は全く悪いと思っていないのでは……。」という発言があった。

　役割演技を短く切ってしまったことや、観客や演者の発言を十分引き出し、明確にすることができなかったことは授業者の課題であるが、観客から次のような発言があった。

　「電話を切った後に、健二の思いが大輔に伝わり、大輔の考えや気持ちが変わったのではないか。だから、翌朝、健二と大輔は職員室に一緒に謝りに行ったのではないか。」

　また、健二を演じたＡ子のワークシートには、「演じた後、考えれば、考えるほど、健二のセリフが思い浮かんだ。電話から翌朝、謝りに行くまで、どんな気持ちの変化が大輔にはあったのだろうと考えさせられた。」また、大輔を演じたＢ男は「『別にいいんじゃない？　大丈夫だよ』と言っていたが、本当は大輔自身も謝りに行くことには納得していたのではないか……。」

評価のポイント

　観客や演者の発言内容はもちろんのこと、その後の話し合い、さらに、何気ない生徒のつぶやきに注目し、明確にすることが大切である。今回、役割演技の中で、演者だけでなく、客観的に観ていた観客から、その後の大輔の気持ちの変容を想像させることができた。過ちを認め、誠実に行動する健二の気持ちを理解した上で、さらに、健二の気持ちを知った大輔の気持ちの変容までも深く考えることができるのである。

　そのような、観客の解釈や発見、演者の思いを、全体で共有できるよう、明確にし、その意味を吟味できるようにすることが、授業者としての今後の課題である。

(林　智子)

B 主として人との関わりに関すること

小学校・低学年 およげない りすさん

本時のねらい

自分と違うところを理由に仲間に入れてあげないと，相手ばかりか自分も楽しくなく，友達のできないことは支援して助け合いながら一緒に遊ぶ方が，ずっと楽しいことを実感的に理解し，友達と助け合いながら，一緒に仲よく過ごしていこうとする態度を育てる。

教材の概要

かめたちが，池の中の島に行って遊ぶ相談をしているとき，リスから一緒に連れていってほしいと頼まれるが，「泳げないからダメ。」と断わって，リスを置いて島に渡ってしまう。しかし，島で遊んでいても少しも楽しくないかめたちは，翌日，リスもつれて島に渡る。島に連れて行ってもらうためにかめの背中に乗ったりすは，にこにこし，皆はリスを囲んで，島に行った。

ねらい達成のために役割演技を取り入れるポイント

いじめ防止に向けた「役割演技を通して，仲間はずれにする側の気持ち，される側の気持ちを考える授業」の例としてあげられた授業で用いられている教材である。仲間はずれにする役とされる役になって，仲間はずれにする場面を演じることが勧められているように読み取れなくもないが，たとえ，「劇」であっても，仲間はずれにされる児童の衝撃は，計り知れない。そこで，①仲間はずれにする場面では，椅子などを仲間はずれにされるリスに見立てて，リスの心情を想像する。②①の場面を演じた児童でリスを島に連れて行き，一緒に楽しく遊ぶ場面を演じるようにして，助ける側も助けられる側も，「一緒」に行動するよさを実感的に理解できるようにする。

主題名　一緒にね
　　　　出典：『わたしたちの道徳　小学校1・2年』（文部科学省）

◎板書例

演者選定のポイント

　りすの依頼を断るかめたちの心情を問う発問において，断られたりすの気持ちをおもんばかる児童を把握し，その後のりすの依頼を断るかめたちが役割演技で演じられたときに，断られるりすの表情を明確に想像することができるかどうかで，りすを演じる児童を決めるようにする。

　たとえ「劇」であっても，皆から仲間に入ることを断られる場面を演じる衝撃は，場合によっては，取り返しのつかないような計り知れないものになるリスクがある。椅子等をりすに見立てて仲間外れにする場面を演じるようにして，その表情を想像することで，仲間はずれの「むごさ」は十分想像や理解ができると考える。なお，仲間はずれにする役の児童にも心的外傷が残らないよう，同じ演者たちで，その後の，りすを仲間に迎え入れ，島に連れていく役割を演じ，援助者の喜びを味わえるようにすることが必須である。

本時の展開

◆**導入**
○皆さんは，水泳は得意ですか？
　「得意」と答えた児童にも，最初から得意であったかどうかを問う。

◆**展開**
発問1　島に行って遊ぶ相談をしているとき，りすさんに「ぼくも一緒に連れて行って。」と言われたかめさんたちは，どんなことを考えたでしょう。
・泳げない人は，だめ。
・おぼれたら大変だから，だめ。
・連れて行くのがたいへんだから，いやだ。

> 役割演技

○あなたの演じたいかめさんたちを，役割演技で演じてみましょう。
・椅子等をりすに見立て，それに向かって話すようにする。

演じられた後の話し合い

　観客に，動物たちの他，りす（椅子）がどんな顔をしているように「見えたか」を問い，仲間はずれにされた側の心情も想像できるようにする。

発問2　かめさんたちは，島で遊んでいるとき，どんな思いでいたでしょう。
　　　　・島で遊んでいても少しも楽しくない動物たちの気持ちを理解する。
・「少しも」の意味を問い，その理由について考えを深められるようにする。

発問3　りすを背中に乗せて島に向かっているときのかめさんたちは，どんな気持ちだったでしょう。役割演技で演じてみましょう。

役割演技

○あなたの演じたいりすや，かめさんたちを演じてみましょう。
・演じている途中，島が遠くてかめが疲れてきてしまっていることを演者や観客に告げる。
・かめから引きついだ動物も，途中で疲れてしまったことを告げる。
例）「かめさんが疲れてきて，水に潜ってしまいそうですよ。戻りますか？」
「白鳥さんも大分辛くなってきました。島はまだ遠いですね。」

演じられた後の話し合い

　まず，観客に，それぞれの動物ごとに順番に，①どんなことを言っていたか，どんな様子に見えたかを問い，②りすの様子についても，どのように見えたかを問い，諦めずに力を合わせて，りすも一緒に島に渡って楽しく過ごそうと頑張っていた様子とりすの喜びを明確にするようにする。その後演者それぞれに，演じられた役割の意味が明確になるように問い，一緒に力を合わせて友達を励まし合い，助け合うよさを，実感的に理解できるようにする。
　なお，この後，島に渡ってから動物たちが楽しく遊ぶ場面を演じるようにしてもよい。

◆終末

　最初に想像したりすの表情が，どのように変化したかを問い，りすの喜びを自分たちの喜びとして実感的に理解できるようにした後，「今日の授業で，分かったことを書きましょう。」と投げかけたり，「皆さんは，今日の授業で，どんなことを嬉しいなと感じましたか。」等と問うてから各自の理解を，ワークシートに書けるようにし，価値の自覚を深められるようにする。

授業の実際

(1) 演者（かめたち）の設定場面

　発問1の「りすさんに『ぼくも一緒に連れて行って。』と言われたかめさんたちは，どんなことを考えたでしょう。」に対して，「おぼれたら大変。」「泳げないんだから，無理。」「大変だから，連れて行かれない。」と答えた児童が，かめや白鳥やアヒルになって，りすに見立てた椅子に，断る言葉を伝えるようにした。観客から，りすは，「悲しそうな顔に見えた。」「泣き出しそうな顔で，かわいそうだった。」「何も言えずに，下を向いていたように見えた。」との指摘に，「泳げない人は遊べないの。連れて行くのは大変だし。」と，役割演技で椅子に言っていたA男の表情に反応が感じられた。

(2) りすさんは，どうしているかな

　その後，演者はそのままで，全体に対して，島で遊ぶ動物たちが楽しくなかった理由を問うようにした。児童は，「りすさんが悲しそうだったから。」「りすさんに意地悪したみたいだから。」と答えた。(1)でかめを演じたA男は「りすさんは，どうしてるかなと思って。」と，うつむきながら答えた。

(3) 怖くなかったよ

　(2)の発問で，りすの悲しみを語ったB子をりす役リス子に指名し，翌日の，りすと動物たちが出会う場面を演じた。

　出会うとすぐにかめのかめ吉は，リス子に「昨日はごめんね。僕の背中に乗っていいよ。皆で島に行って遊ぼう。」と言って誘った。すると，リス子は「いいの⁉」と言って，笑顔でかめ吉の背中に乗った（相手の肩に両手を掛けると背中に乗ったことだと，設定した）。白鳥のちょう子とあひるのガー子は，かめ吉の背中に乗ったリス子の背中を支えるように，手を添えて泳いだ。途中，監督がかめ吉に，「疲れてきましたね。島はまだ遠いし，戻りますか？」と尋ねたが，かめ吉は首を横に振ると，そのまま黙々と泳ぎ続け

た。それでも監督が,「沈んできましたよ。」と声を掛けると,白鳥のちょう子が,「今度は,私の背中に乗って。」と提案した。するとリス子は,恐れることなく,今度はちょう子の肩に両手を掛けて,背中から背中に移った。この後,疲れたちょう子からガー子にバトンタッチしたときにも,リス子は躊躇することなく,ガー子の背中に移ることができた。

　演じた後の話し合いで,観客は,リス子が終始嬉しそうに背中に乗っていたこと,動物たちは諦めずに,一生懸命リス子を背中に乗せていたことを指摘した。かめ吉は,「昨日は悪かったなと思って」リス子を背中に乗せ,「一緒に,皆で遊びたかったから」途中疲れても諦めなかったこと,リス子にしぶきがかからないように,静かに泳いだことを語った。また,リス子は,かめ吉に背中に乗せてもらったことが嬉しかったこと,背中を移動するとき,「みんながやさしかったから」少しも怖くなかったことを語った。

　そこで,監督が「皆で楽しく遊べそうですか？」と聞いた後,「でも,遊び疲れてしまうと,リス子ちゃんを運べないんじゃない？」と聞くと,かめ吉は「また,皆で,リス子ちゃんを運んで,一緒に帰って,また（別の日に島に渡って）遊ぶ。」と答え,他の動物たちも頷いていた。

評価のポイント

　このように,いじめの場面を再現しなくても,児童はいじめられるりすの悲しみを十分に理解することができる。また,役割演技で,かめ吉は,「意地悪」でりすを仲間はずれにしたわけでは無いが,自分の行為の惨さに気付くように,いじめる側も心的ダメージを受ける。そのため,その続きで,りすを支援する支援者を演じることで,心的ダメージが癒されたといえる。

　さて,評価として,みんなで,助け合うよさをどのように感じているか,その深まりや拡がりを捉えるようにする。その際,例えば,「りすもかめさんたちも,みんなニコニコでしたね。みんなのニコニコの中は,どんな気持ちだったでしょう。」とか,「ニコニコしながら,どんなことを思っていたでしょう。」等と問うてから,シートに書くようにするのもよい。　　（早川　裕隆）

B　主として人との関わりに関すること

小学校・中学年　貝がら

本時のねらい

　なかなか口を利かない中山君に接したときや，中山君がお見舞いに来てくれたときの主人公「ぼく」の気持ちを考えたり，教材の続きとして翌朝「ぼく」が中山君に会う場面を役割演技したりすることを通して，違いを気にするのではなく，友達のよさを理解し合い，助け合う方が，友達関係を豊かにすることを実感的に理解し，友達と助け合おうとする心情を養う。

教材の概要

　転校生の中山君に，「ぼく」は，いろいろ尋ねてみるが，中山君は，何も話してくれない。中山君は，広島から来たので，自分の方言が気になっていたのである。図工の時間に，中山君は，ようやく口を利いてくれたが，前の席の女の子たちが，くすくす笑い出したため，中山君はまた黙ってしまった。
　それからしばらくして，「ぼく」が病気で休んだ日，中山君は，「ぼく」の家に見舞いに来てくれた。ぼくは，中山君がくれた貝がらを見つめながら，学校に行ったら，今度こそ中山君と仲良しになれるのではないかと思った。

ねらい達成のために役割演技を取り入れるポイント

　中山君がお見舞いに来た翌日，元気になった「ぼく」が登校し，中山君に出会う場面を役割演技させる。宝物の貝がらをくれた中山君の心遣いに感激している「ぼく」は，その思いを伝え，中山君と仲良くなりたいと思っているであろう。一方，中山君は，自分のあげた貝がらを見て，「ぼく」が喜んでくれるか，気になっているであろう。2人が心を通わせる場面から，本当の意味で友達になるとはどういうことかを児童が深く理解できるようにしたい。

主題名　分かり合う友達

出典：『みんなのどうとく　３年』(学研)

◎板書例

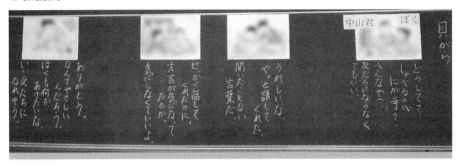

演者選定のポイント

　教材の結末では，「ぼく」と中山君はまだ直接多くの言葉を交わしておらず，友情が芽生えつつある段階である。お互いに，仲良くなりたいと思っていることは，中心発問までの段階で，ある程度明白になっているはずである。その中で，中山君から貝がらをもらった「ぼく」の気もちとして，「元気になったら，お礼を言いたいな。」「今度こそ，仲良くなれそうだな。」といった，中山君との新たな役割関係の構築に対する強い願いをもつ児童を，「ぼく」として指名したい。

　一方，「こんなに大切な貝がらをくれるほど，ぼくのことを心配してくれているんだな。」「中山君も，ぼくと仲良くなりたいんだな。」といった中山君へ思いを馳せている児童は，ぜひとも中山君として指名したい。

本時の展開

◆導入
○方言クイズをしましょう。どんな意味の言葉でしょうか。

◆展開
発問1　話しかけたのに，中山君に口を利いてもらえなかったときの「ぼく」は，どんな気持ちでしょうか。
□口を利かない中山君に対して腹を立てている「ぼく」の気持ちを明らかにする。
　・ぼくは，どんな思いで中山君に話しかけたのかを確認する。
　・腹立たしさだけでなく，中山君がなぜしゃべってくれないのかと，いろいろ思案する「ぼく」の複雑な心境をつかませる。

発問2　女の子たちに笑われてまた黙ってしまった中山君を見て，「ぼく」は，どんなことを考えているでしょうか。
□中山君がしゃべらなかった理由に気付き，中山君のことを理解しようとしている「ぼく」の心情を理解する。
　・ようやく中山君がしゃべってくれた時の「ぼく」の気持ちも問う。
　・中山君がなぜ今までしゃべろうとしなかったのか，その理由に気付き，中山君の立場を理解しようとしている「ぼく」の気持ちを問う。
　・「せっかく友達になれそうだったのに。」という悔しさも，「ぼく」，中山君双方にあることに気付かせる。

発問3　中山君がお見舞いに来て置いていってくれた貝がらを，「ぼく」はどんな思いで見ているでしょうか。
□中山君の心遣いに感謝し，これから仲良くしていきたいと思っている「ぼく」の気持ちを理解する。

・中山君がくれた貝がらは、どんな貝がらなのかを考えさせることを通して、「ぼく」を思う中山君の気持ちに気付かせる。

> 役割演技

○翌朝元気になって学校に行った「ぼく」は、中山君に出会ったらどうしたいでしょうか。この場面を演じてみましょう。
・中山君が先に登校し、自席で支度をしているところに「ぼく」(「ひろし」などと名付ける)がやってくる場面を設定する。役割演技に入る前に、お互いの気持ちを確認すると、演者がどうしたいか、気持ちの整理をすることができる。
例)「中山君がもう先に来ているようですね。どうしたいですか。」
「ひろし君は、今日も休みかな。今どんなことを考えながら支度をしていますか。」

演じられた後の話し合い

まず、観客に、①中山君に会ったひろしがどんなことを言ったか、どんな表情をしていたかを問う。次に、②ひろしに話しかけられた中山君の表情や言動に着目させる。2人のよそよそしさが次第に打ち解け、仲良くなっていく様子を捉えさせたい。さらに、演者に対しては、①ひろし、②中山君の順に、観客が捉えた解釈の内容も吟味しながら問い、両者がお互いを友達としてしっかり認識できていることを確認することで、ねらいとする道徳的価値「友情、信頼」のよさを実感的に理解できるようにする。

◆終末

前述の話し合いの後、「2人は、この先どうなっていくだろうね。」と問い、2人の間に、固い絆の友情が結ばれたことを実感させる。その後、本時で学んだことや分かったことを振り返り、ワークシートに書かせる。

授業の実際

(1) 演者（中山君）の設定場面

　発問1において，大半の児童は，口を利いてくれない中山君に対する「ぼく」の腹立たしさについて言及した。しかし，A子は，「何か，ぼくに話しかけられるの嫌なのかな。」と発言し，中山君がなぜ「ぼく」に話しかけてくれないのかについて，思案している様子であった。

　その後の発問3において，A子は，「大事にしてる宝物をくれたんだったら，少しは友達として，ちゃんとなれたかな。」と発言した。これに対し，授業者は，「中山君は，大事な物をくれるぐらい，ぼくのことをどう思ってくれてるんだろうと思ったのですね。」と告げた。

　この一連の発言から，A子は，「ぼく」の気持ちを考えつつも，中山君の「ぼく」を思う気持ちに思いを馳せている様子が強く感じられたため，A子を中山君役に指名した。

(2) 役割演技の様子

○「宝物をくれるなんて，優しい人だね。」「友達だからね。」

　「ぼく」（以下，ひろし）が席に近付くと，中山君の方から，「おはよう。」と話しかけてきた。また，「大丈夫？」とひろしの体調を気遣う役割も演じられた。この姿から，ひろしが登校してくるのを待ち侘びていた中山君の気持ちが垣間見られた。その後，ひろしが，「昨日は，貝がらありがとう。どこで拾った貝がらなの？」と聞くと，中山君は，「広島県の思い出の海で，いっぱい拾ったやつ。」と答えた。この答えに，ひろしは，「もしかしてそれって宝物？　宝物くれるなんて，優しい人だね。」と感激した様子を表すと，中山君は，「友達だからね。」と言葉を返した。2人がお互いを友達だとはっきりと認識したこの場面で観客は，2人の様子を息を殺して食い入るように見ていた。授業者も，役割演技が終わった後に，「はあ，何か，素敵なのを見てしまいました。」と，思わず感動が言葉に出てしまうくらいであった。

(3) 話し合いの様子

　観客は，ひろしと中山君は，最初は緊張している様子だったけど，挨拶や会話を交わしているうちに，笑顔も見られるようになっていったことを捉えていた。また，中山君が「友達だからね。」と言ったことが強く印象に残っていた様子で，「(中山君は，)友達だから，心配していた。」「(ひろしは，)友達だから，大事にしないといけない(と思っている)。」と指摘する児童もいた。

　その後，中山君を演じたA子に，「どうしてひろし君のことを待っていたのですか。」と尋ねると，「いつも話しかけてもらったから，心配だった。本当は，しゃべって返事をしたかった。」とひろしと友達になりたかった心境を素直に表現した。また，ひろしを演じたB子に「『友達だから。』って中山君に言われて，ひろし君はどんな気持ちでしたか。」と聞くと，「ぼくも友達だと思ってたから，本当に中山君と友達になれてうれしい。」と述べた。話し合いを通して，二人の願いが通じ合い，本当の意味で友達になれたことが確認された。

評価のポイント

　観客や演者としての発言の内容，ワークシートの内容から，次の点などについて見取って評価する。
・中山君の立場を理解して接することで，「ぼく」と中山君が仲良くなれたことに気付いているか。
・友情を育むには，お互いの考えや立場を尊重し合うことが大切であることを理解できたか。

(菅原　友和)

B　主として人との関わりに関すること

小学校・高学年　**泣いた赤おに**

本時のねらい

　友だちの犠牲の上に成り立つような一方的な友情は，友だちを悲しませたり，辛い思いに追い込んだりするだけで，本当に大切な友だちを失うという悲しい結果を招くことにつながることに気付き，相手のよさを尊重するために，信頼していることを伝えようとする役割を演じることで，（異性や，鬼と人間のように，自分とは異なると思える相手に対しても）互いに相手を信頼し，尊重し合う友情の尊さに気付くようにする。

教材の概要

　人間と友だちになりたくても，偏見から人間に受け入れられない赤鬼のくやしい気持ちを知った青鬼は，自分が村で大暴れをしているところを赤鬼に退治させ，人間の信頼を得る芝居を打った。
　もくろみ通りに赤鬼は人間と親しくなることができたが，それ以降めっきり会うことの無くなった青鬼を訪ねると，自分の存在が人間と赤鬼との仲を悪くすることを恐れた青鬼は，貼り紙をして，旅立ったあとだった。

ねらい達成のために役割演技を取り入れるポイント

　青鬼の行為の意味を深く理解したとき，児童は赤鬼として，青鬼に対する友情を伝えたいと強く思うであろう。自分の存在をそこまで深く尊重した青鬼に対して，今度は自分が青鬼を尊重する気持ちを示したいと強く思う児童と，赤鬼の幸せを尊重する青鬼が役割演技で出会い，互いの思いを伝え合うことで，互いの友情の深さに気付くことができるであろう。そのとき演じられた役割演技から，児童が尊重の意味を深く理解できるようにしたい。

主題名　互いのよさ認めて
出典：『かがやけ みらい　6年』（学校図書）

◎板書例

演者選定のポイント

　役割演技では，赤鬼は，青鬼を探して連れ戻したいと願うであろう。しかし，青鬼の「覚悟」は並大抵なことでは無いことに気付いて，初めて相手を「尊重」する意味に気付くであろう。このとき赤鬼にも，青鬼を尊重する「覚悟」が突きつけられるであろうし，観客の児童にも，その意味が，同様に突きつけられるであろう。そうなるためには，児童の演じる赤鬼と青鬼の再会の場面で，主役に適切な相手役割としての青鬼（補助自我）には青鬼の「旅立ちの覚悟」を伝えられることが求められる。そのため，青鬼の残した貼り紙を読んでいるときの赤鬼の気持ちを問う中心発問の場面で，「青鬼は，もう戻らない覚悟をしたんだ。」とか「青鬼は，そこまで僕のことを考えてくれていたんだ……。」など，青鬼の行為の意味を考えている児童を見逃さずに，青鬼として指名できるようにすることが肝要である。

本時の展開

◆導入
○皆さんには，大切な友だちがいますか？
　「大切」だと思えるのは，どんなところからですか？

◆展開
発問１　赤鬼は，どんな思いで　立て札を地面に投げつけたのでしょう。
□偏見のために受け入れてもらえない赤鬼の，悲しさや悔しさを想像する。
　・どんなことを思いながら立て札を書いたのかを問う。
　・どんな物を用意して待っていたのかを想像するようにする。

発問２　赤鬼は，青鬼を殴っているとき，どんなことを考えていたでしょう。
□気が進まないながらも，人間と仲良くなるために，青鬼の提案を受け入れた複雑な気持ちを想像する。
　・青鬼から「たくらみ」の提案を聞いたときの赤鬼の気持ちを問う。
　・青鬼が暴れ始めたときの赤鬼の気持ちを問う（制止することができなかった意味から，戸惑いと共に，期待が存在したことに気付くようにする）。
　・「だめだい，しっかりぶつんだよ。」と青鬼に言われた赤鬼は，どのくらいの力で，青鬼をぶったのかを問う（強烈ではないまでも，疑われないように強くぶったことに気付くようにする）。

発問３　赤鬼は，青鬼が残した貼り紙を，どんな気持ちで何度も読み返したのでしょう。
□自分の思いをそこまで深く尊重していた青鬼の気持ちの深さを初めて知り，自分のことしか考えていなかったことに気付いた赤鬼の気持ちを理解する。
　・人間と仲良くなってから，何日くらいたったのかを，想像するようにす

る。
・（青鬼は，どのくらい遠くに行ったのかを問い，その理由を考えられるようにする。）

役割演技

○あなたの演じたい赤鬼と青鬼を，役割演技で演じてみましょう。
・青鬼の決意の深さが理解できるよう，すぐには会えないようにする。
・途中で諦めようとしない赤鬼の思いが表れるようにする。
例）「日が暮れてきましたよ。そろそろ食事にしませんか？」
　　「まだ険しい山がそびえています。諦めますか？」
　　「足の皮もはがれて血が出ていますよ。休んだらどうですか？」
・青鬼のもとに到着した赤鬼と青鬼は，児童が演じたい役割を演じられるようにする。

演じられた後の話し合い

　まず，観客に①赤鬼は，どんなことを言ったか，どんなことをしたかを，その後，②青鬼はどんなことを言ったか，どんなことをしたかを問い，その言動の意味の解釈を促すようにする。さらに，演者に①赤鬼②青鬼の順に，演じた役割の意味について，観客の解釈の内容も吟味しながら明確にし，価値のよさを味わい，実感的に理解できるようにする。

◆**終末**

　前述の話し合い後，演者を自席に戻してから，「今日の授業で，皆さんが学んだ（分かった）ことを書きましょう。」と投げたり，もう少し具体的に，「青鬼が赤鬼と一緒に帰ろうと思えたのは，なぜなのでしょう。」とか，「2人を笑顔にしたものは，何なのでしょう。」等と問うたりして，各自の理解を，ワークシートに書けるようにする。

授業の実際

(1) 演者（青鬼）の設定場面

　発問3において，授業者が「赤鬼は，泣きながら青鬼の書いた手紙を何度も読み返したとき，どんな気持ちだったのでしょう。」と発問した。これに対して，A男は，「（青鬼は赤鬼を）そこまで思っていたんだ。」と答えた。これは，赤鬼からの気持ちとも，青鬼からの気持ちとも捉えられる。そこで授業者はA男に「大事な友だちなのに，何で離れて行ってしまったのだろうね。」とあえて主語を曖昧なままに質問したところ，A男はすかさず，「赤鬼にできた人間の友だちが，僕のせい，青鬼のせいで無くなってしまうことを自分で恐れて。赤鬼をかばって，僕は良いから，ぼくは最初から良いから，自分がいなくなれば，赤鬼が人間と，ずっと人間が友だちになってくれるかなって。」と，青鬼の気持ちを，明確に示した。さらに，どのくらい遠くに離れたのかを問うと，「なかなか追いつけないくらい，ずっと遠くで，隠れている。」と明確にイメージできていることが分かったため，授業者はA男に，「あなたは，青鬼の気持ちが分かるのですね。」と告げた。なお，この後，「僕のかけがえのない友だちだ。」とB男が発言したため，「かけがえのない友だちと思っている主体は誰なのかを問うた。B男は迷わず，「赤鬼です。絶対に連れて帰りたい。」と希望したため，B男の赤鬼が，A男の青鬼を探して旅立つ場面を演じるようにした。

(2) 役割演技の様子

○青鬼君と一緒にいたいんだ

　赤鬼は，青鬼を探しに旅立った。授業者が時間の経過を告げたが，赤鬼は休もうとせず，三日三晩，休むこと無く，青鬼を探して歩き続けた。

　やがて，洞穴にいた青鬼を見つけると，赤鬼は「ごめんね。ありがとう。」と言った後，里に一緒に帰るよう説得を試みる。しかし，青鬼は，「それでは君がせっかく仲良くなった人間と友だちでいられなくなるから。僕はいい

から。」と固辞して，人間のいる村に赤鬼一人だけを返そうとする。何度かそのやりとりを繰り返すうちに，赤鬼は，意を決したように，「僕は君が一番大事なんだ。人間とも一緒にいたいけど，人間よりも，君と一緒にいたいんだ。人間に『青鬼はいい鬼だ。』って言うけど，分かってもらえなくてもいいから，人間じゃなくて，青鬼君と一緒にいたいんだ。」と懇願した。すると，青鬼はしばらく考えてから「僕で良いの？」と確かめた。赤鬼から，「君がいいんだ。」と言われると，笑顔を浮かべ，「わかった。ありがとう。」と言って，赤鬼と村に帰る決心をすることができた。

(3) 話し合いの様子

　この後，観客は，赤鬼が少しも諦める様子が無く，青鬼の大切さを伝えていた様子，「こんなに素敵な」青鬼が人間に誤解されていることが辛く，人間に理解して受け入れてほしいと思っていること，だが，たとえ受け入れられなくても，青鬼は大事な「宝物」だから，人間の友達を失っても平気だと思っていると指摘した。一方，青鬼の様子も，初めは赤鬼が人間の友だちを失うことを心配していたけれど，「青鬼君と一緒にいたい。」と言われて，青鬼の頑なな表情が緩んで，喜びの様子が見て取れたことを指摘した。

　この後，演者に確認すると，赤鬼は，「青鬼君は，一番大事な宝物だから，人間も分かってくれる。分かってほしいけど，分かってもらえなくても，一緒にいたい。」と青鬼を大切に思う思いを語った。一方，青鬼も，「赤鬼君のために，人間の所に返そうと思ったけれど，青鬼が一番大切って言われたときうれしかった。」と，村に帰ることを受け入れた気持ちを語った。

▍評価のポイント

　観客や演者としての発言の内容，ワークシートに記された内容に注目する。例えば，　・赤鬼のことばかりを考えていた子が，青鬼の気持ちに気付き，尊重しようと考えている……視点の拡がり　・自分と違う意見を理解しようとしている　・行為の結果や影響を広く考えようとしている　　　　（早川　裕隆）

B 主として人との関わりに関すること

中学校 吾一と京造

本時のねらい

　中学生にとって友だち付き合いは生活の多くを占めるものであり，互いに心を許しあえる友だちを求める気持ちが高まってくる。
　友だちより自分の評価を優先する人は疎まれてしまうが，では，友情のためなら決まりや規則を破ってもいいのだろうか。安易な友情に流されたり，保身に走ってしまったりするような自分の心の中にある弱さに気付き，新しい友情の形を築こうとする役割を演じることで，互いに尊重し合い，高め合おうとする真の友情のよさに対する理解を深めるようにする。

教材の概要

　吾一と近所の子どもたちは，京造の家に集まってから登校していた。ある日，集合時間が過ぎても仲間の一人である秋太郎がやって来ない。遅刻をするのが嫌で，早く学校に行きたがりそわそわする吾一と，秋太郎を置いては行かないと悠然と構える京造がいる。
　さすがに遅いと秋太郎の家に迎えに行こうと皆が動き出したのを機に，吾一は仲間を置いて走り出す。吾一が学校に駆け込んだとき，仲間たちも追いついて来た。秋太郎の家に行ったにしては早すぎると不思議に思った吾一が，仲間の一人，作次に訳を尋ねると，秋太郎の家に行ったのは京造一人で，京造は皆に先に行けと言ったという。それを聞いた吾一はショックを受ける。
　教室に入って授業を受けているとようやく京造と秋太郎がやって来た。先生が遅れた理由を尋ねても答えようとしない京造は，秋太郎とともに立たされている。吾一は，京造が気の毒でならないが，先生に本当のことを言いだせないばかりか，京造の姿が気になり，心が草の葉のように揺れている。

主題名　真の友情
　　　　出典：『私たちの新しい生き方2』（新学社）（一部改編して使用）

ねらい達成のために役割演技を取り入れるポイント

　揺れる吾一の心情を，役割演技を行うことで自分ごととして捉えさせたい。京造の，言葉にならない思いに気付いた吾一は，どうしたら京造の思いが実るか，京造がただの遅刻者というレッテルを貼られずに済むにはどうしたらいいか，切実に悩まされることになる。また，京造は一人走り出した吾一を恨んではいないだろう。秋太郎も含め，彼の大事な仲間であるみんなのことをかばいたいと思っている。そんな京造の思いを尊重し，自分にできることはないか考える吾一と京造とのやり取りを通して，悩みながらも互いに思いやり，新しい友情関係を創造していく過程を学級全体で共有することができるようにしたい。

演者選定のポイント

　京造は怒られることを覚悟しており，決して平気で遅刻したわけではない。「ガキ大将」として秋太郎だけでなく，吾一や仲間たちも大切にしたかったこと，吾一の行動を非難する気持ちはないことに気付かせたい。仲間や秋太郎のことを思い，決して遅刻の理由を話そうとしない強い気持ちをもった人物だと理解できている生徒を京造役に選びたい。その強い思い，覚悟をもった京造と，その覚悟に今，気付き心を揺らしている吾一が出会い，新しい友情関係を作り上げていこうとする場面である。吾一に謝ってほしいのではなく，また，先生や級友の前で遅刻の理由を言う必要はないと確信している京造に吾一として出会うことで，子どもたちは，吾一として自分に何ができるか，自分ごととして悩みながら，新たな役割を創造できるようになるのである。

本時の展開

◆導入
○「ガキ大将」って言葉，聞いたことある？ どんな人をイメージしますか？
□ガキ大将は嫌われ者なのかを問い，単に威張っているだけでなく，みんなに慕われていることに気付かせる。

◆展開
発問1　秋ちゃんを待って，なかなか動こうとしない京造を前にして，吾一はどんな思いでいたのだろう。
□吾一の，いらいらして焦っている気持ちや，京造への不満を理解する。
・始業時間まで間もないこと，いつもより遅れていることを想像する。
・京造の態度は反抗的なものではなく，火の管理を任されていることから，大人からも一目置かれていることを説明する。
・京造は遅刻をしてもいいと考えている，といった発言があった場合は「本当にそうかな。」「どっちだろう。」と投げかけ，真偽についてはここでは触れない。

発問2　吾一は，どんな気持ちで一人駆け出したのだろう。
□どうしても遅刻したくなかった吾一の気持ちを理解する。
・京造にどう思われるか心配ではなかったのか，走っているときに秋太郎のことは頭にあったのかどうかを問う。

発問3　どうして吾一は，「なんだかげんこつでむなもとをドカンとやられたような気がした」のだろう。
□秋太郎を見捨てず，さらに仲間を遅刻させないように配慮する京造の思いを知った吾一の気持ちを理解する。
・なぜ「頭」ではなく「むなもと」にドカンと感じたのかを問う。

・なぜ京造は仲間を先に行かせたのかを想像させ、京造も遅刻は悪いと思っていることに気付くようにする。
・それでも一人で秋太郎の家に行くのは京造のどんな思いがあるからなのか考えられるようにする。

発問4 立たされている京造を目の前にして「草の葉のように」心を揺らしている吾一は、どんな気持ちでいたのだろう。

□秋太郎や仲間の一人一人を大切に思う京造の思いを理解し、その思いを尊重しながら京造との新しい友情関係を築こうとする吾一をつくり出す。
・どうしたら京造の思いを尊重することになるのか、どうすることが仲間たちを大事にすることにつながるのか考えられるようにする。

　　　　　　　　　役割演技

○あなたの演じたい吾一と京造、秋太郎を、役割演技で演じてみましょう。
・休み時間になり、先生が教室を出て行ったという場面設定で、演じられるようにする。
・吾一がなかなか話しかけられない場合の時間の経過や、教室の様子など、全員が情景を思い浮かべられるように必要なところは補助や説明をする。

・真剣に考えることが信頼する友情の深まりとなることに気付く。

演じられた後の話し合い

　観客に、①吾一　②京造の順に、どんなことを言い、どんなことをしたか、それはどのような思いからだと感じたかを問い、発された言葉や行動に意味づけをしていく。さらに、演者にも、①吾一　②京造　③秋太郎の順に、どのような思いからその言動に至ったのか、演じていたときの気持ちを問う。観客の解釈の内容についても話題に出しながら、全員で互いを思い合う友情関係を実感的に捉えられるようにする。

◆終末

話し合いの後,「この時間で感じたこと,学んだことはどんなことですか。」と投げかけ,ワークシート等に各自の学びを書けるようにする。また,「どんな考えや行動が,本当の意味で仲間を大切にすることになるのか。」と問うなどして考えが深まるようにする。

授業の実際

(1) 演者の設定場面

発問は全て吾一の視点で問い,吾一が,京造や仲間たちについてどのように感じていると考えているのか,生徒の発言から読み取るようにした。

発問3において,生徒Aは「吾一は,京造が自分とは違って,秋太郎だけでなく仲間みんなのことを考えていたことに気付いてショックを受けた。」や「京造も遅刻が悪いことは分かっているが,どうしても仲間を見捨てられない人だと思う。」と,自分を重ねながら,京造の気持ちを述べた。さらに,授業者が「京造は一人走り出した吾一のことを怒っているかな。吾一の視点で考えてみて。」と問うと,生徒Bは「いい気持ちはしなかったかもしれないけど,怒っていないんじゃないかな。そんなことを気にする京造ではないと思う。」と明確な京造像について述べた。生徒Bは明確な京造をイメージできたので,この後,吾一は京造になんと声をかけたらいいかというテーマを自分事として明確化した。そこで,生徒Bに,「自然にあなたが演じたい吾一を演じてください。」と告げ,生徒Aの演じる京造と,役割演技を行うことにした。

(2) 役割演技の様子

〇二人で協力していこう

吾一は話しかけにくそうにしていたが,少し間があった後,「先に行ってごめん……。」と謝り,「どうして先生に理由を言わなかったの。」と京造に問いかけた。「いや。別に……。」と,歯切れよく答えない京造に対して,吾

一は「京ちゃんは悪くないのに怒られている姿を見ていられない。」「僕も秋ちゃんちに迎えに行こうと思う。」と話しかけた。京造は少し困ったように「でも遅刻しちゃうから。」と言ったが、さらに吾一が「京ちゃんだけにさせておけないから。」と言ったため、「ありがとう。じゃあ一緒に行こう。」と吾一の提案を受け入れた。そして、遅刻しないルールを守るために「明日は早めに迎えに行ってみよう。」と話し合い、秋太郎の支援者になろうとした。

(3) 話し合いの様子

　役割演技のあと、観客に話を聞いた。吾一が本当のことを言うと秋太郎だけが悪くなってしまい、吾一が何もしないと京造が悪くなってしまうなか、自分だったらどのように声をかけるだろう、と演者と一緒に悩んだこと、みんなが思いを尊重しあえる方法を一所懸命考えている様子が伝わってきたこと、などを語り、仲間を大切にする京造の優しさと、そんな京造を思いやる吾一の優しさを指摘した。「最初は二人真面目に話をしていたが、最後は笑顔を見せていたので安心した。」と語った生徒もいた。

　演者に感想を聞いてみると、京造は「吾一が自分のことをすごく考えてくれていたことが分かって嬉しかった。」と話し、吾一は「自分の気持ちが伝わってよかった。言いたいことが言えてすっきりした。これからもいい友達になれると思う。」と話した。また、秋太郎役の生徒については、演技中に目立った発言はなかったが、「二人が自分のことを話していて少し恥ずかしかったが、嬉しかった。遅刻しないように頑張ろうと思った。」と照れながら、二人に対する喜びや感謝の気持ちを語った。

> **評価のポイント**
>
> ・自分のことで頭が一杯だった吾一が気付いた、京造の思いの意味に対する理解を深めている。
> ・互いの思いを尊重し合う新たな役割を創造しようとしている。
> ・言動の裏にある心情を汲み取ろうとしている。

（小川　かほる）

C　主として集団や社会との関わりに関すること

小学校・低学年　黄色い　ベンチ

本時のねらい

　低学年の児童は，楽しさを優先するあまり，周囲への配慮を欠いた自分勝手な行動をすることが少なくない。本時は，公共物を，利用する人たちのことを考えずに自分勝手な使い方をすると，迷惑を被る人が出て自分も嫌な気持ちになることを実感的に理解し，その使い方などのきまりを守って，進んで大切にしようとする心情を養う。

教材の概要

　降り続いていた雨が上がり，主人公のたかしとてつおは，近くの公園に紙飛行機を飛ばしに出掛ける。久しぶりに外で遊ぶことができた2人は，夢中になって遊ぶあまり，ベンチの上から紙飛行機を飛ばし，どろどろの靴でベンチを汚してしまう。その後，2人がブランコに乗っていると，2人が汚したベンチに，5歳ぐらいの女の子とおばあさんがやって来る。泥だらけのベンチに腰を下ろした女の子は，スカートを汚してしまう。その様子を見ていた2人は，顔を見合わせ，自分たちがしてしまった行為について考えさせられる。

ねらい達成のために役割演技を取り入れるポイント

　夢中になっていたたかしとてつおは，女の子やおばあさんの姿を通して，公共物の使い方を守る意味を知るであろう。役割演技で新たな役割を創造することで，遠くに紙飛行機を飛ばして自分たちが楽しむことしか考えていない自己中心的な行動から，周囲に与える影響について気付かせ，進んでルールやきまりを守るよさを実感的に理解できるようにしたい。

主題名　みんなで　つかうもの
　　　　出典：『わたしたちの道徳　小学校1・2年』（文部科学省）

◎板書例

おばあさんやおじいさん
日なたぼっこしている人
おなかが大きいおかあさん
見ているお母さん

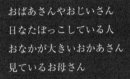

こどもたち
あそびのとちゅうのきゅうけい
おしごとをしている人
しごとのとちゅうのきゅうけい

「いろいろなひと（みんなが）がつかうもの」

黄色いベンチ

おばあさんとおんなのこのようすをみたとき

おんなのこのスカートがよごれてしまった。
わるいことをしてしまったな。ごめんなさい。
みんながつかうベンチをよごしてしまった。
もとにもどさないといけないな。

どろだらけになったベンチにもきづかず
かみひこうきをとばしてあそんでいるとき

あめがあがってやっとあそべる。
とおくまでとんでいけ。
とおくまでとんでたのしいな。

演者選定のポイント

　役割演技では，自分勝手な行動で迷惑を掛けてしまった，女の子やおばあさんに謝りたいと願うであろう。このとき，謝れるかどうかも大切ではあるが，役割演技を通して，きまりを破ることで迷惑を掛けたことを謝罪していることを明確にし，進んできまりを守る大切さを実感的に理解できるようにする。そのため，ただ責めるだけでなく，気付きを認め，許せる相手（女の子やおばあさん）が必要である。謝罪の内容を理解する児童に女の子を，また，ルールを守る意味やその主体性を支持できる授業者以外の教師におばあ

さんを依頼するとよい。

本時の展開

◆導入
○公園のベンチを使う人には，どんな人がいますか。

◆展開
発問1　泥で汚れた靴でベンチに上がって紙飛行機を飛ばしていた二人は，どんなことを考えていたでしょう。
□ベンチを使う人のことを考えずに，紙飛行機を飛ばすことに夢中になっている状況を確認する。
・飛行機が遠くに飛んでいったときの喜びを問う。

発問2　泥で汚れたスカートをふいているおばあさんと女の子の姿を見て二人はどんなことを思ったでしょう。
□みんなで使うものであることを考えず，自分勝手な使い方で，女の子やおばあさんを困らせてしまったことへの後悔や反省の気持ちに気付かせる。
・何に「はっ。」としたのか問う。

▼ 役割演技

○困っている女の子とおばあさんに出会う場面を演じてみましょう。
・女の子とおばあさんが困っている様子から始める。
・児童が演じたい，たかしとてつおを演じるようにする。演じづらい場合は，どうしたいのかを問い，演じたい役割が演じられるよう，支援する。
・謝罪の役割が演じられたら，謝罪の内容を，謝罪が演じられなければ，後味の悪さの理由を明確にして，ルールを守ろうと考えている内容と，その意味について，吟味し，きまりを守り意義を実感的に理解する。

演じられた後の話し合い

　まず，観客に①たかしとてつおは，どんな様子に見えたか，具体的に上げられた言動をもとに解釈するよう促す。②女の子やおばあさんについて問う。
　その後，演者それぞれに，観客の解釈の内容も交えながら，演じられた役割を振り返り，その意味が明確になるように演じられたときの思い等を聞く。

◆終末
　話し合いの後，授業で分かったことをワークシートに書かせる活動をしたり，授業を振り返って感想を述べあったりする。また，わたしたちの道徳「わたしたちの　みの　回りには，どのような　やくそくや　きまりが　あるでしょうか」などを活用し，公共物や約束やきまりについて，考えを深めるようにするのもよい。

授業の実際

(1) 演者の設定場面
　発問2に対して，A男は，「しまった。」とつぶやき，紙飛行機を遠くに飛ばすことだけに夢中になってベンチに上がってしまい，その汚したベンチで女の子やおばあさんに迷惑をかけてしまったことに対して発した言葉であることを説明した。また，B男は，「まずい。」とつぶやき，困っている女の子やおばあさんに声をかけたいものの，おばあさんや女の子に，怒られたり責められたりするのではないかと思ったからと，その言葉の意味を説明した。そこで，この2人を演者に指名することにした。

(2) 役割演技①の様子
○本当に困っているのは……
　役割演技では，女の子とおばあさんの困っている様子を見た二人を自由に演じさせた。なお，おばあさんは授業者以外の教師が演じ，女の子は児童から選定した。

たかしとてつおは，女の子とおばあさんの困っている姿を見ると，何度も女の子とおばあさんの方に目を向けながら，ひそひそと話をしていた。話している内容が観客に聞こえなかったため，授業者が，途中でその内容を確認したところ，事情を知らない女の子とおばあさんに謝りにいこうかどうか相談しているということであった。

（3）話し合いの様子①
　観客は，このひそひそ話の意味を，女の子のスカートが汚れたことに対する後ろめたさや，このまま知らない振りもできるけれど，それでいいのかどうか等，迷っているのではないかと指摘した。また，女の子とおばあさんに対しては，困惑の様子を指摘し，怒りより困惑が強いと解釈した。
　この後に，演者に話を聞くと，たかしとてつおは，自分たちの軽率な行為で女の子とおばあさんに迷惑を掛けてしまったことを反省していることが確認された。授業者が，逃げることもできたのに，なぜ逃げずに2人でその公園にいたのかを確認すると，事情を知った2人に怒られても仕方がないが，知らない女の子とおばあさんになんて声をかければいいのか分からなくて，ただ困惑していたためと説明された。

（4）役割演技②の様子
○みんなのものだから
　自分たちよりも女の子やおばあさんの方が困っていることに気付いた演者に，この後どうしたいのかを確認したところ，ベンチを自分たちが汚してしまったことを伝えて謝りたいと語ったため，もう一度，同じ場面を演じることにした。
　たかしとてつおは，2人で「よし，いこう。」と声をかけ合い，手を繋いでゆっくり女の子とおばあさんに近づき，「ごめんなさい。」と声をそろえて言った。女の子とおばあさんは，「どうしたの。」と二人に聞き返したため，「僕たちが，ベンチに靴のまま乗ってあそんでいたので，ベンチを汚してし

まいました。」と伝えた。おばあさんが、「この子がベンチに座ったら、スカートが汚れてしまって困っていたの。そういうことだったのね。」と話すと、二人は、自分たちの服のポケットから、ハンカチやティッシュを取り出し、女の子のスカートやベンチを拭き始めた。

(5) 話し合いの様子②

　観客にたかしとてつおの様子について尋ねると、二人が必死になってスカートやベンチを拭いていたのは、みんなで使うものなのに大切にしなかったから、元通りきれいな状態に戻さないといけないと必死になっていたのではないかと指摘した。一方、そんな2人を見ていた女の子とおばあさんは、事情が分かって、女の子のスカートも2人が一生懸命拭いてくれるので、困っていた気持ちも半減したのではないかという意見が出された。

　この後、演者に、スカートやベンチを拭いた理由を問うと、みんなのことを考えないでベンチを汚してしまったから、元通りにしなければと考えて行ったことが確認された。また、女の子とおばあさんは、2人が必死になってスカートやベンチを拭いているのを見ていたら、みんなのために元通りにしないといけないと思ってやっているのだと思い、困っていた気持ちがだんだん少なくなって、許してあげたくなったことが確認された。

評価のポイント

　観客や演者としての発言内容、その他終末での発言やワークシートへの記述内容に注目する。みんなが気持ちよく過ごすために大切なことは何かを考えて記述するように指示し、きまりを守ることの大切さやその意味についての理解の変化や深まりの様子に注目したい。

（北川　沙織）

C　主として集団や社会との関わりに関すること

小学校・中学年　お母さんはヘルパーさん

本時のねらい

　ヘルパーの仕事に励む母の姿を見たかず子や，母の帰りを待ちながら家事をしているかず子の気持ちを考えることを通して，父母や祖父母への敬愛の念を深めるとともに，自分も家族の役に立とうとする心情を高める。

教材の概要

　かず子の母は，「ときわホーム」でヘルパーとして働くようになってから，夕方近くまで帰らないこともあった。そのため，母と一緒に行く約束をした靴屋にも行けず，かず子は，母を腹立たしく思うようになっていた。
　ある日，和子はそっと，「ときわホーム」へ行ってみた。母は，ベッドに寝ているおじいさんの体を，タオルで丁寧に拭いた後，下着を替えてあげていた。母に体を拭いてもらったおじいさんは，とてもうれしそうにしていた。
　母の姿を見たかず子は，ときわホームを出て，走って家に帰り，干してあった洗濯物を取り込み，綺麗に畳み，母の帰りを待つことにした。

ねらい達成のために役割演技を取り入れるポイント

　母の頑張りに気付いたかず子が，洗濯物を畳みながら母の帰りを今か今かと待つ場面から役割演技を始める。仕事から帰って来て疲れている母は，かず子が洗濯物を畳んで待っていたことを知り，感激するであろう。そうした母の様子を見て，かず子もまたうれしくなり，これからも仕事で頑張る母の役に立ちたいという願いを抱くと考えられる。また，役割演技後の話し合いでは，かず子，母双方がお互いの大切さを改めて実感していることに気付かせることで，児童が家族愛の意味を深く考えられるようにしたい。

主題名　お母さんありがとう
　　　　出典：『小学校どうとく　生きる力　3年』（日本文教出版）

◎板書例

演者選定のポイント

　中学年の児童が，母親役を演じるのは難しいと思われる。そこで，この授業をT．Tで行い，同僚の女性教師に母親を演じてもらったり，学習参観日などで，授業を参観する保護者に演じてもらったりするのが望ましい。どうしても児童が母親を演じざるを得ない場合には，中心発問で，母親の立場で発言している児童を選ぶとよい。例えば，「お母さんは，きっとヘトヘトだろうなあ。」とか，「お母さんも頑張っているんだから。」という，母の仕事ぶりに思いを馳せている発言をしている児童である。
　逆に，かず子の立場で，「お母さんを喜ばせたい。」「お母さんを楽にしてあげたい。」と発言している児童は，母の役に立ちたいという気持ちが強く表れているので，ぜひともかず子として指名したい。

本時の展開

◆導入
○「ヘルパー」というお仕事を知っていますか。

◆展開
発問1　靴屋さんに行けなかったかず子は，どんな気持ちでしょうか。
□母が仕事を始めたために，母に今まで当たり前にしてもらったことが，してもらえなくなったことにかず子がいら立っていることを理解する。
　・場面絵のかず子の表情から，かず子がどんな様子かを想像させる。
　・かず子のいら立ちの大きさを，両手を広げて表すなどさせるとよい。

発問2　おじいさんの体を拭いているお母さんをかず子は，どんな思いで見ているでしょうか。
□おじいさんのために一生懸命に働く母の姿を見て，感銘を受けているかず子の気持ちを想像する。
　・「おじいさん，いいんですよ。わたしたちがお世話をするのは当たり前ですよ。」という母の言葉を聞いたかず子の気持ちを問う。
　・発問1の場面と同様に両手を広げさせ，かず子の心情の変化を捉えられるようにする。
　・人が嫌がりそうな仕事でも，一生懸命に働く母の姿に，かず子が驚きや感銘を受けていることに気付かせる。

発問3　ときわホームから走って帰り，洗濯物を畳んでお母さんの帰りを待っているかず子は，どんなことを考えているでしょうか。
□かず子が，母に対する尊敬や感謝の気持ちを行動で表そうとしていることを理解する。
　・走って家に帰るほど，かず子がどうしたいと思っているのかを問う。

・洗濯物を畳んでいるかず子と，発問1の場面とでは気持ちが変化していることに気付かせ，その理由を考えられるようにする。

▼役割演技▼

○仕事から帰って来たお母さんに，かず子さんは，どんな声をかけるでしょうか。この場面を演じてみましょう。
・仕事が長引き，母が午後8時頃ようやく帰宅する場面を設定することで，母の疲れた様子や，かず子を待たせて申し訳なさそうにしている心情が強調されるようにする。また，その母を待ち侘びながらも，洗濯物を畳むことで，母の負担を少しでも減らして役に立ちたいかず子の心情を引き出せるようにする。
（例）
「今日もお仕事遅くなってしまいましたね。今何を考えていますか。」
「お母さんなかなか帰って来ませんね。大丈夫ですか。」

演じられた後の話し合い

　まず，観客に，①かず子は，お母さんを出迎えたときや，母と話しているときにどんなことを言ったか，どんなことをしたかを問う。次に，②母は，かず子が出迎えてくれたときや，かず子が洗濯物を畳んでくれたことに気付いたときにどんなことを言ったか，どんなことをしたかを問い，両者の言動の意味を解釈できるようにする。さらに，演者に対しては，①かず子，②母の順に，言動の意味を観客の解釈の内容も吟味しながら問うことで，両者がお互いを大切に感じていることを実感的に理解できるようにすることで，ねらいとする価値「家族愛」のよさを実感できるようにする。

◆終末
　本時で学んだことや分かったことを振り返り，ワークシートに書かせる。

授業の実際

(1) 演者(かず子)の設定場面

　発問2において,授業者は,「おじいさんの体を拭いているお母さんをかず子は,どんな思いで見ているでしょうか。」と聞いた。これに対して,A子は,「私のために,こんなことをしてくれてたんだな。」と答えた。そこで,「おじいさんのためじゃなくて,どうして私のためにって考えたの。」と問うと,A子は,「お仕事をするとお金が入ってくるし,私の勉強道具とか,ご飯とか,そういうのがみんな買えるようになる。」と理由を述べた。この時点でA子は,母の仕事に対して大いに理解を示している様子が伺えた。

　その後の発問3で,授業者は,「ときわホームから走って帰り,洗濯物を畳んでお母さんの帰りを待っているかず子は,どんなことを考えているでしょうか。」と問うた。A子は,「(お母さんが)あんなに頑張っているから,お母さんのために頑張ろう。」と答えた。この発言から,発問2での母を思う気持ちがさらに増幅されていると考え,A子をかず子として指名した。

　なお,本時の授業者は,学級担任(女性)をかず子の母として指名した。その際,担任教諭が,授業を参観しながら感じたことをもとに,自発的に母を演じられるように,授業について事前の打ち合わせなどは行わなかった。

(2) 役割演技の様子

○お母さんおかえりー!洗濯物畳んでおいたよ!

　夜8時を過ぎて,母が帰って来ると,かず子は怒ったそぶりも見せず,屈託のない笑顔で,母を元気に出迎えた。そして,洗濯物を畳んでいたことをうれしそうに話していた。それを聞いた母は,「洗濯物畳んでくれたの?ありがとう!」と感激した様子だった。そして,「靴買いに行けなくてごめんね。怒ってるかと思ったのに,洗濯物を畳んでくれたなんて,本当にごめんね。」と答えた。

○お母さんが頑張っているのを見たから,私も頑張った。

何度も謝る母を見て，かず子は，「お母さんが頑張っているのを見たから，私も頑張った。」と答えた。母は，「全然気が付かなかった。本当は靴屋さんに行く予定だったのにね。私の仕事場来たんだね。ごめんね。」と再び謝った。そして，「すぐご飯にするね。今日は焼き肉にするね。」と答えた。かず子は，笑顔のまま，母を受け入れている様子であった。

（3）話し合いの様子

　観客は，終始かず子がにこにこしている様子から，かず子が靴を買ってもらえなかったことを怒っているわけではないと解釈した。また，母が感激しているのは，かず子が許してくれたこともあるが，洗濯物を畳んでくれたと聞いたことで，うれしかったからだと指摘した。

　この後，演者に演じたときの心情を確認した。かず子は，「最初は怒っていたけど，気が変わった。お母さんが頑張っているのを見たから，お手伝いをしないと。」と答えた。そこで，授業者が，靴のことはもういいのか問うと，「買ってもらいたいけど，お母さんが頑張っているから，それは後でいい。」と答え，母を気遣う気持ちが明らかになった。また母は，「怒っていると思っていたのに，洗濯物を畳んでいたなんて，健気だなあ，いい子だなあと思った。」と感想を語った。その上で，「靴は買ってあげられないんだけど，代わりに，何かしたいなあ，せめておいしいものを食べさせたいなあって思いました。」と語り，かず子の頑張りを労おうとしていたことが明らかになった。

評価のポイント

　観客や演者としての発言の内容，ワークシートの内容から，次の点を中心に評価する。
・かず子の母を思う気持ちが，次第に強くなっていることに気付いたか。
・かず子のように，家族の役に立ちたいという気持ちが芽生えているか。

（菅原　友和）

C 主として集団や社会との関わりに関すること

小学校・高学年　班長になったら

本時のねらい

　班長に不満ばかり言うのではなく，班のために自分ができることを行って貢献する方が，班長が役割を果たしやすくなるばかりか，集団としての達成感や満足感を味わうことができることを理解し，集団の中でのそれぞれの役割を果たし，力を合わせて集団の質を高めることのよさを実感的に理解する。

教材の概要

　「ぼく」は，念願の班長になったが，グループ登山の際，女子が遅れていることに対して，「班長なんだから。」「班長のせいで。」などと班員から文句や不満を言われてしまう。頂上を目指し，どんどん先へ行きたい健太と晴人を引き留め，「ぼく」たちは岩場で七海さんと葉月さんを待っている。

ねらい達成のために役割演技を取り入れるポイント

　より居心地のよい集団を創造するよさに理解を深めさせたい。よい集団とは，リーダーの力だけで，創られるわけではない。フォロアーと協力しながら，互いに高め合う意識があって始めて創られるものである。

　本時の役割演技では，班長の心情を理解していく中で，班員の気持ちや考えを汲みながら，班を創り上げていきたい思いをもつ児童に「班長」を演じさせたい。みんなの協力あってこその班行動だとする「班長」が演じられると，班員一人一人が自発的に協力者，協働者の役割を創造するであろう。班員の理解や協力，協働の大切さが自覚されることで，「集団」の在り方や自分自身の「役割」がより強く意識されるものと考える。

主題名　集団の中での役割を自覚して
出典：『６年生の道徳』（文渓堂）

◎板書例

演者選定のポイント

次頁の発問１〜３は，班長の立場からの心情や考えを問うものである。班長に立候補した「ぼく」には，中心になって活躍したいという強い思いと班員からも慕われたいという憧れの気持ちがある。しかし，理解が深まると，班長の役割は，決して独りよがりでは成り立たないことに気付いていくだろう。班長の「ぼく」は，苛立ちや焦り，心配など，複雑な心情の理解と共に，みんなで達成することを尊重したいという班長の思いを想像する児童を班長に指名することが肝要である。遅れている女児達を待っている場面での班長の心情を問うことで，その思いの深さを判断する。一方，健太・晴人を演じる児童は，班長の気持ちに寄り沿っている児童と自己中心的に我先にと頂上を目指したい気持ちを発言する児童を選出することで，様々な視点から班員の役割について考えられるだろう。

本時の展開

◆導入
○リーダーってどんな人ですか。

◆展開
発問1　念願の班長に立候補し，みんなも賛成してくれたとき，ぼくはどんなことを考えているでしょう。
□一年前から班長になりたかったぼくの思いの強さを理解する。
・立候補したぼくが，班長に選ばれたところまでを範読し発問する。
・補助発問として「どのくらい期待や不安があるのでしょう。」と問う。

発問2　みんなに勝手なことを言われて，ぼくはどんな思いでため息をついているでしょう。
□まとめ役や責任を押し付けられているぼくの不安・心配・嫌気がさしている・焦り・責任感・怒りなどの気持ちを共感的に理解する。
・最初のチェックポイントで，先生に注意されたところまでを範読する。
・児童の返答に対して，「それは班長に対しての感情ですか。それとも班員に対しての感情ですか。」「その感情はどれくらいの大きさですか。」等と問うことで，誰に向けられたどれくらいの感情であるのかを確認する。

発問3　七海さんのつらそうな表情を思い出しながら，ぼくはどんなことを考えていたでしょう。
□七海さんたちを心配している気持ちから，班長としての責任を自覚し，行動に移そうとしているぼくの心情を押さえる。
・どのくらいの時間3人で待っていたのか，後続班が七海さんたちを見かけていないということはどういう事態が想定されるのかを問う。

> 役割演技

○ぼくや健太や晴人を役割演技で演じてみましょう。
・「七海さんを探しに行く。」と語った児童が，健太や晴人に提案するところから始める。その際，2人の女子生徒の危機的な状況を想像できるよう，後続の班の人たちは七海さんたちを見かけなかったこと，男子3人は30分くらいずっと待っていることを，演じる前に全体で確認する。
例）「後ろの班の人たちは，七海さんたちを見かけなかったそうです。どうしているんでしょうか。」
「もうずいぶん待っていますが，どれくらい時間が経ちましたか。」

演じられた後の話し合い

まず，観客に，①健太さん・晴人さんはどんなことを言ったのか，どんな様子であったのか，その後，②班長はどんなことを言ったのか，どんなことをしたのか，言動の具体とその背景を問う。観客の気付きを引き出しながら，演者の言動の意味を全体で解釈する。その後，演者（①健太さん・晴人さん②班長）に，演じた感想を求めながら，演じられた役割の意味を明確にし，それぞれに，「集団の中での役割」の観点から，考察を深められるようにする。

さらに，必要に応じて，深められた理解を基に，この後に演じたい役割を役割演技で演じられるように，場面構成をする。

◆終末

演者を自席に戻してから，「今日の授業を通して，分かったこと（考えたこと）を書きましょう」と個人の感想を記述する時間を設ける。その際，教材の最後の行（頂上から見た景色は最高にきれいだった。）を読み，「どうして頂上からの景色がきれいに見えたのでしょう。」等と問いながら，各自の気付きや感想を自分の言葉で記入できるようにする。

実際の授業

(1) 演者の設定場面

　発問3において,「つらそうな七海さんの表情を思い出しながら,ぼくはどんなことを考えていたでしょう。」と問うと,児童は,安否に対する心配や不安を語った。児童Aは「どうしよう。」と話し,これから先のことを考えていることがうかがえた。その後も,「この先どうしよう。」と何度も語ったため,授業者は「この先,どうしたい?」と問うと,「助けに行く。」と,答えたため,児童Aを班長に指名した。一方,児童Bは「後ろの班とかに情報を得て探しに行く。」と具体的にイメージできていたので,晴人に指名した。児童Cは,「俺のせいでなんかやばいかも。」「自分が先に着かないと。」と語った。授業者は,児童Cは自分の判断に対する不安な気持ちと,班長としての責任感について自分の考えをもっていると解釈し,健太に指名した。

(2) 役割演技 (場面1) の様子

○班長どうにかしろ

　役割演技が始まるやいなや,健太は班長に対して「七海と葉月を探しに行ってこい。」と命令し,晴人もまた「班長だから仕方ないだろ。」と,女子2人と離れてしまった責任を班長に一方的に押し付ける役割を演じた。班長が「班長,班長ばっか。班長にばっかり責任を負わせるなよ。」と語ると,健太は少し沈黙した後に,「じゃあ,一緒に探しに行こう。」と話した。だが,班長から「みんなで探しに行こう。」と誘われた晴人は「お前らで行ってこい。俺はここでお茶飲んで待ってるからよ。」と,誘いをきっぱり拒否した。

(3) 場面1の後の話し合いの様子

　役割演技場面1の後の話し合いでは,健太は,最初は「班長に任せるって言って,付いてきちゃったから。班長のせいだ。」と班長を責めたものの,その後,「1人ではさすがに見つけられない (女子2人を) 探しに行こう。」

と提案した理由について，班長のせいだと思いつつも，このままこの班長に任せても何も解決しないので，探した方が良さそうだという「複雑な気分」と説明し，不本意ながら，班長にあきれた行動であったことを明らかにした。また，晴人は，「みんなでゴールしてなんぼなのに，自分だけ先頭でゴールしようとしていて，自己中心的だ。」と，晴人たちの前で制止する班長を批判的に捉えて，抵抗していたことを明らかにした。

だが，班長が，晴人をここに残そうと考えたのは「もしもすれ違いになったらいけないから。」であると語ると，晴人の表情が変わり，「やべえ，やべえ……。」と小声で繰り返した。班長の班員への配慮や思いの強さを初めて知った強い衝撃と考えられる。

（4）役割演技（場面2）の様子
○やっぱり僕一緒に行きたいな

晴人を演じる児童Cが班長の思いを理解したことで，その後演じられた場面2では明らかに役割が変わった。「やっぱり僕，一緒に探しに行きたいと思うんですよね。やっぱり，班行動だし。」と語り，健太も女子二人を探しに行くことに賛同した。班長は嬉しそうに「みんなで行こう。」とうなずいた。

（5）場面2の後の話し合いの様子

観客から，「晴人さんと健太さんは，今まで班長だけに責任を押し付けていたけど，自分たちにだって役割や責任があるはずだとわかった。」と語られたように，児童は，協力，協働の大切さや，集団を互いに高める意味や意義を明らかにすることができた。

> **評価のポイント**
>
> 演じる前後の，児童の発言内容の変化に注目したい。「制止や抑止」する班長の思いへの理解の深まりや，互いに集団を高め合おうとするよさや意義への理解がどのように変化しているかを捉え，認める評価をしたい。　　（高橋　歩）

C　主として集団や社会との関わりに関すること

中学生　二通の手紙

本時のねらい

　一時の同情や好意に流されて法やきまりを破ることは，人々の安全や満足を守るために作られたという法やきまりに込められた趣旨を台無しにするばかりか，結果として，自分の思いを裏切る取り返しの付かない事態を引き起こしてしまうことがあることを理解し，法やきまりの趣旨を正しく理解し，それを尊重することで責任ある行動を実現しようとする判断力を養う。

教材の概要

　退職後も動物園で引き続き臨時で働けることが生きる糧となった元さんは，ある日，毎日，柵から身を乗り出して園内を覗いていた幼い姉弟の姉から，弟のために入園させてくれるよう懇願される。入園時間も過ぎ，しかも，子どもたちだけでは入園を認めない園の決まりもあるのだが，元さんは，姉の気持ちにほだされて，姉弟を入園させてしまう。しかし，閉門時刻となっても姉弟は出口に現れず，職員を挙げて園内を捜索することとなった。二人は，雑木林の中で遊んでいるところを無事発見され，数日後，元さんに姉弟の母親からお礼の手紙が届いた。だが，喜びもつかの間，園から元さんにこの事件を起こした責任として「懲戒処分」の通告が届いた。

ねらい達成のために役割演技を取り入れるポイント

　「働く」ことの意義を考える職場体験学習や自分自身の生き方を考える進路学習を経た中学3年生で取り入れるとよりよい。元さんの「生きがい」の内容を考え，停職ではなく，辞職を選ぶ元さんの，入園係として大切にしてきた思いの内容や深さを理解することで，何を守るために，きまりを守るのか，きまりを守る意味や意義についての理解を深める。そして，姉弟から入

主題名　守りたいから

出典：『私たちの道徳　中学校』（文部科学省）

園を懇願される場面に戻し，深まった理解を基に，新たな元さんの役割を役割演技で創造することで，より，価値の理解が実感的に深まるようにする。

◎**板書例**

演者選定のポイント

きまりに対する「責任」は「停職処分」を粛々と受け入れることによって果たすことができる。しかし，元さんは自ら職を辞する決心をした。元さんが「晴れ晴れ」として職を辞す深い意味を理解し，守りたいものを守るためにきまりがあることを理解させたい。「きまりだから」守るのではなく，来園者の楽しい時間や，また来たいと思える喜びを守るため，すなわち，自分の大切にしている「思い」をも守るためにきまりがあり，それを守る意義がある事に気付いた生徒を，元さんに指名する。

本時の展開

◆導入
○きまりは何のためにあると思いますか。
・議論するのではなく，イメージを出し合うだけに留める。

◆展開
発問1　定年を間際に控えた元さんが，引き続き臨時で働けることになったときの喜びは，どのくらいの大きいものだったでしょうか。
□元さんにとって，動物園の仕事は生きがいであることを理解する。
・元さんに退職後も臨時で働ける話が出たところまでを範読し発問する。

発問2　お姉ちゃんのけなげな願いを受け止め，「よし，おじさんが二人を特別に中に入れてあげよう。」と言った元さんは，どんなことを考えているでしょう。
□きまりを知りつつ，女の子の思いを尊重した元さんの気持ちを理解する。
・教材 p.142の L4までを範読する。
・弟を喜ばせようとしているお姉ちゃんの願いや気持ちをどう受け取ったのかを問いながら，一方で，元さんなりに，姉弟を守るための注意を促す配慮をしていることに気付くようにする。

発問3　2人を捜索してもらっているとき，事務所で連絡を待ちながら，元さんはどんなことを考えていたと思いますか。
□2人を心配する，元さんの焦りや不安や恐怖の気持ちを理解する。
・2人に何かあっても2人の「自己責任」ではないのかと問いながら，元さんが2人の「命」の心配をしている切羽詰まった状況を明確に理解できるようにする。
・このときの元さんにとっての「最悪の事態」とは何なのかを問う。

発問4 「……この年になって初めて考えさせられることばかりです。」
　　　　元さんが語ったこの言葉には，どんな思いや考えが込められていると思いますか。

□今回は無事であったとはいえ，情に流されてきまりを破ったことによって，２人を危険な目に遭わせてしまったことを悔やんでいること，その一方で，子どもたちの夢や喜びを奪い，自分の大切にしてきたものを裏切るような最悪な事態にまでは至らずに済んだこと，最悪の事態を招く前に，自分の行為の至らなさに気付くことができたことに安堵していることを理解する。

・教材の最後の３行をカットして範読する。
・元さんは，「停職処分」の通告であったにもかかわらず，なぜ晴れ晴れとした顔で，自ら職を辞すことを選んだのでしょう。
・元さんにとっての「新たな出発」とは何なのでしょう。

▼役割演技▼

○もし元さんがもう一度，入園終了時刻直後の姉弟に出会う場面に戻れたならば，元さんはどうするでしょう。元さんと姉弟を演じてみましょう。
　・子どもたちの思いや自分の誇りを尊重し，守ることとはどのようなことなのか，演じられた元さんの役割を基に，考えをより深めるようにする。
　・生徒が演じたい元さんと姉弟が演じられるようにし，演じた後の話し合いでは，演じられた意味や背景にある思いを明確にするようにする。

演じられた後の話し合い

　観客に，はじめに元さんは，次に姉弟は，どんなことを言ったのか，どんな様子であったのか，その言動の意味を問いながら解釈を支援する。その後，さらに演者に，演じられた役割を振り返りながら，その意味が明確になるよう支援することで，きまりの趣旨を理解して自ら守ることの意味の理解が深

まるよう，話し合いをコーディネートする。

◆終末
　話し合いの後，演者を自席に戻してから，「今日の授業で，分かったことを書きましょう。」と問い，各自でワークシートにまとめる時間を設ける。

授業の実際

（1）演者の設定場面
　発問3で，姉の願いを叶えてあげたいと情に流されたことで，姉弟を危険な目に遭わせてしまったかも知れないという，事の重大さに気付くようにした。そのとき，補助発問として，「もしも命を落としてしまうような最悪な事態が起こったとしたら，元さんはどうしただろうか。」と問うと，A男は，「自分の勝手な判断のせいで……，後悔している。」，B男は「きまりを守ることで守られているものがある。」と語った。続けて，後悔の内容や，きまりを守ることで守られているものについて，全体で考えを出し合った。A男は，「（姉弟に）何が起こっても責任が取れない。」とつぶやいたので，本生徒を元さんに指名することにした。

（2）役割演技の様子
〇……そうか。
　弟の誕生日だから，どうしても動物を見せてあげたい思いに強く共感しているCとDがそれぞれ姉，弟を演じた。姉は，「おじちゃんお願いします。」と手に力を込め，必死な表情で訴えた。それを聞いた元さんは，「……そうか。そうか。今日は特別な日なんだね。」と姉の気持ちを受け止めたものの，入園を許可しなかった。その後，姉弟が入園料を持っていること，今日が弟の誕生日だということをうなずきながら聞くと，しばらく沈黙が続いた。そして，「お母さんと一緒に動物園に来るのを待っているよ。もし2人に何かあってしまうと，2人にもおじさんにも，悲しい誕生日になってしまうか

ら。」と，優しく姉弟に語りかけた。姉は淋しそうな表情を浮かべながらも，小さくうなずいた。

(3) 役割演技の後の話し合い

　観客から，元さんは，単に規則だからと入園を拒むのではなく，「そうか。そうか。」と言いながら，姉の思いを受け止めていたこと，元さんも本当は入れてあげたい気持ちがあったけれど，それをこらえていたこと，そして，そこには，悲しい誕生日にしたくない元さんの思いがあったからこそであることが指摘された。姉弟については，姉の表情や，元さんにお願いしているときの口調，手に力が入っていた様子などから必死さが理解され，最後は納得したような顔だったことが挙げられた。

　この後，演者にそれぞれの思いを確認すると，姉は「元さんと話しているうちに，（危険な目に遭ったら）悲しい誕生日になってしまうのは嫌だという気持ちになった。」と語り，元さんも「お姉ちゃんの気持ちもよく分かる。だから，（入園終了時刻後に入るのは）だめなんだけど，すぐにだめとは言えなかった。女の子と弟に楽しんでほしいし，悲しい日になったらだめだから。」と，動物園での時間が「本当に」素敵な時間になることを一番に望んでいる気持ちを語った。この後，授業者は「きまりは何のためにあるのかな。」ともう一度問い，各自で考えるようにした。

▌評価のポイント

　きまりを守ることの意義や意味の理解の深まりと，元さんがきまりの背景にある自分の思いも「守る」ため，すなわち，みんなや自分の思いを守りたいからきまりを守るという，道徳的諸価値の深い理解を実現したい。

　そのため，元さんの生き方から，きまりを守ることで姉弟の気持ちや思いをも守っていること，元さんの思いへの共感の深さやその変化の様子をしっかりと見取りながら，それを励まし認める，積極的，開発的な評価をしたい。

（高橋　歩）

D 主として生命や自然，崇高なものとの関わりに関すること

小学校・低学年 ハムスターの赤ちゃん

本時のねらい

　低学年では，生活の中にある体温のぬくもりや，食べる・寝る・楽しく過ごせるなどの具体から，生きている証を実感させながら，生命の尊さについての考えを深めさせていくことが求められる。本時では，お母さんのお腹に集まるハムスターの赤ちゃんの，体のぬくもりや心臓の鼓動から，生きていることを実感している主人公の女の子の気持ちに共感することを通して，小さな生き物でも，そのお母さんに大事にされている様子から生命のかけがえのなさに気付き，大切にしようとする気もちを高めさせたい。

教材の概要

　生まれたばかりのハムスターの赤ちゃんが，お母さんハムスターに見守られながら成長するという内容である。次第に，体が大きくなり，1匹1匹，背中の模様などの違いも分かるようになってくる。お母さんハムスターのお腹に集まる赤ちゃんハムスターの体のぬくもりや心臓の鼓動から，「生きている」ことを実感している主人公の女の子の気持ちを想像することができる。

ねらい達成のために役割演技を取り入れるポイント

　役割演技では，ハムスターの赤ちゃんにその成長と喜びを話しかける主人公を役割演技で演じることで，生命や成長の喜びを表現することを通して，命の愛おしさや大切さ，繊細さやたくましさ，生命のかけがえのなさをより実感的に理解できるようにしたい。

主題名　いのちを大切に
出典：『わたしたちの道徳　小学校1・2年』（文部科学省）

◎板書例

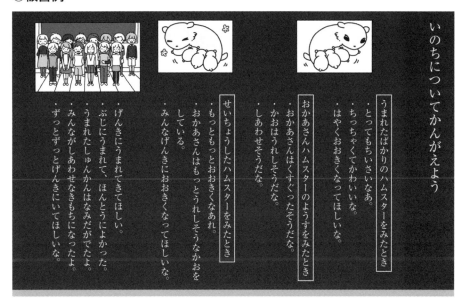

いのちについてかんがえよう

うまれたばかりのハムスターをみたとき
・とってもちいさいなあ。
・ちっちゃくてかわいいなあ。
・はやくおおきくなってほしいな。

おかあさんハムスターのようすをみたとき
・おかあさんはくすぐったそうだな。
・かおはうれしそうだな。
・しあわせそうだな。

せいちょうしたハムスターをみたとき
・もっともっとおおきくなあれ。
・おかあさんはもっとうれしそうなかおをしている。
・みんなげんきにおおきくなってほしいな。

・げんきにうまれてきてほしい。
・ぶじにうまれて、ほんとうによかった。
・うまれたしゅんかんはなみだがでたよ。
・みんながしあわせなきもちになったよ。
・ずっとずっとげんきにいてほしいな。

演者選定のポイント

　授業では，女の子を演じる児童を選定する。女の子は，ハムスターの親子を見て，赤ちゃんハムスターの成長を願うであろう。また，お母さんハムスターが，赤ちゃんハムスターを見守る様子を支えようとするだろう。

　役割演技で，ハムスターの親子に話しかけ，応援する役割や，そっと温かく見守り続けようとする役割が演じられるだろう。いずれにしても，観客の児童には，演者が語った言葉やその様子（表情やしぐさ等）から，親子のハムスターに対する女の子の思いに焦点を当てながら，話し合いを進めていけるよう心がけたい。

本時の展開

◆導入
○いろいろな動物の心臓の音を聞いてみましょう。
・動物の心臓の音を聞かせ，生き物の生命に関心をもたせる。
・自分の胸に手を当てさせ，心臓の鼓動を確認させる。
・動物にも，みんな「いのち」があることを確認する。
・インターネットなどを利用すると，様々な心臓の音を聞かせることができる。

◆展開
発問1　生まれたばかりの赤ちゃんハムスターを見て，女の子はどんなことを思ったでしょう。

□生まれたばかりのハムスターの赤ちゃんの大きさをハムスターのお母さんと比較させ，そのか弱さやたくましさに気付かせるようにする。
・お母さんより，どれくらい小さいのだろう。
・ハムスターの赤ちゃんの心臓はどんな音をしているのだろう。

発問2　お母さんハムスターの様子を見て，女の子はどんなことを考えたでしょう。

□「たからもの」という言葉に注目させ，赤ちゃんハムスターは，お母さんハムスターにとって，大切なものであることに気付かせる。
・「たからもの」という言葉は，どんなもの（時）に対して使いますか。
・女の子には，「たからもの」である赤ちゃんハムスターをどんな風に見守っているように見えたのだろう。

発問3　女の子は，ハムスターの赤ちゃんが大きくなっていく様子を見て，どんなことを感じたでしょう。

□ハムスターの成長を喜ぶ女の子の気持ちを捉えさせる。
・大きくなっているということは、どういうことなのかな。

> 役割演技

○ハムスターの赤ちゃんを見守る女の子を演じてみましょう。何か話しかけたくなったら、話しかけてください。何も話しかけなくてもいいです。自由に演じてください。
・ハムスターの親子が女の子の目の前にいることにし、自由に演じさせる。
・ハムスターの親子に話しかける場面、あるいは、そっと見守る場面が演じられるだろう。演じる児童が何も発言しなくても、無理に何かを言わせたり、させたりするのではなく、演者の様子（表情やしぐさ等）に注目し、親子のハムスターに対する女の子の思いに焦点を当てながら、話し合いを進めていけるようにする。

演じられた後の話し合い

まず、観客に、演者である女の子が語った言葉やその様子を聞く。また、そのとき、どんなことを考えていたのかも想像させ、発表させる。

次に、演者である女の子に、観客が指摘した様子や言動の真意を問い、それらを吟味しながら、女の子がどんな思いでハムスターの親子に接していたのかについて明確になるように話し合いを進める。

◆終末

前述の話し合いの後、演者を自席に戻してから、自分もこれまで生きていて、成長してきたこと、それを祝福され、見守られてきたことを実感させるとよい。例えば、事前に保護者に依頼して用意しておいた、子どもたちの成長を喜ぶ保護者からの手紙を読ませ、子どもたちの命に対して愛情をもって育んできた家族の思いを知らせる。その後、考えたことや気付いたことなど

を書かせることが考えられる。

授業の実際

(1) 演者（女の子）の設定場面

　発問3において，授業者が「女の子はハムスターの赤ちゃんが大きくなっていく様子を見て，どんなことを感じたでしょう。」と発問した。これに対して，「嬉しいと思った。」とA児は答えた。授業者が，A児にその理由を聞くと，「嬉しいと思ったのは，元気な証拠だから。」と答えた。さらに，「もっともっと大きくなってとも思っている。」と付け加えた。そこで，A児にハムスターの親子を眺める場面を演じさせることにした。

(2) 役割演技の様子

○あったかいね

　ハムスターの親子は目の前の飼育ケースに入っていることにして演じさせることにした。

　女の子はしばらく，親子ハムスターの様子をじっと見ていた。そして，少しにこにこした表情になった。しばらく眺めた後，「毛があったかくて気持ちいいね。ふわふわしているね。」と話しかけた。

(3) 話し合いの様子

　この後，観客に女の子の様子について尋ねると，ずっとハムスターの親子を眺めていた女の子について，「赤ちゃんのハムスターが，ちょこちょこ動いているのを見てかわいいなと思っていたと思う。」や「早く大きくならないかなとずっと見ていた。」と指摘した。他にも，「お母さんのお腹にくっついて気持ちよさそうだなあと思っていた。」という意見も出された，それらの指摘に対し，授業者が「ただぼうっと見ていたのかな。」と尋ねると，「ぼうっと，っていうより，見守っている感じ。」や「お母さんが赤ちゃんを見ているような感じ。」と語られた。他にも，「ぼうっとじゃなくて，赤ちゃん

がぴくぴく動いているのをじっと見ていた。」という指摘もあり，授業者が「なぜじっと見ていたんだろうね。」と尋ねると，「目を閉じているから，生きているのか心配で毛が動くのをじっと見て，生きているなあと思っていたんだと思う。」や「生きているかどうか見ていて，体がちょっと動いているのを見て安心したんだと思う。だからにこにこになっていたと思う。」と語った。

　また，授業者から，「ハムスターはしゃべれないのに『毛があったかくて気持ちいいね。ふわふわしているね。』と話しかけたのはなぜだろう。」と尋ねると，「すやすや眠っているような気がして，思わず話しかけた。」「触りながら話しかけていたから，ちゃんと生きているな，よかったという気持ちでいた。」や「赤ちゃんに大きくなあれと応援していたと思う。」という意見が聞かれた。

　この後，観客から指摘されたことについて演者に確認をすると，「ちゃんとすやすやしているかなって。生きているか，心配していたからじっと見ていた。」ことや，「毛が動いていたから，ちゃんと生きているな。よかったって安心した。」という気持ちになっていたことが語られた。さらに，話しかけた理由については，「このままどんどん大きくなっていけるよう，ちゃんと大切にしていきたいなと思って，話しかけた。」ことも付け加えられた。

評価のポイント

　観客や演者としての発言内容，その他終末での発言やワークシートへの記述内容に注目する。この授業では，何気ない日常の生活の中で出会う，命の喜びやぬくもりを通して，生きている証を実感しながら，生命の尊さについての考えが深まったことが捉えられるとよい。そのため，ハムスターの赤ちゃんの様子から，感じられた小さなものの生命のぬくもりや成長に対する喜びを通して，かけがえのない生命を大切にしようとする気持ちの高まりについて述べられた児童の発言や記述に注目していく。

(北川　沙織)

D 主として生命や自然，崇高なものとの関わりに関すること

小学校・中学年　シクラメンのささやき

本時のねらい

　ゴミ捨て場に捨てられていたシクラメンを家に持って帰り，母のアドバイスを受けながら育てていく加奈の気持ちについて，役割演技を通して明らかにすることで，植物にも心があると考えながら育てることが大事なことであることに気付き，身近な動植物を大切にしていこうとする心情を養う。

教材の概要

　ゴミ捨て場に捨てられ，枯れかけていたシクラメンから，（わたしを助けて。）という声が聞こえたような気がしたので，加奈は，家に持って帰ることにした。母に，「花にやさしく話しかけること。」「植物にも心がある。」と言われた加奈は，不思議な気持ちになったが，母の言葉を信じて，シクラメンの世話を続けることにした。
　次の春を迎え，シクラメンは，次々に赤い花を咲かせていった。加奈が「いっぱい咲かせてくれてありがとう。」とお礼を言うと，（来年も，楽しみにしていてね。）という，シクラメンの声が加奈には聞こえたような気がした。

ねらい達成のために役割演技を取り入れるポイント

　「植物にも心があると思うの。やさしく話しかけて世話するのよ。」と言われた加奈が，シクラメンを育てている場面を役割演技させる。演者は，加奈とシクラメンである。現実の世界では話すことができない動植物の立場となっても，人間同様に会話できるのが，役割演技ならではの醍醐味ともいえる。「植物にも心がある。」と信じて，話しかけながら世話をし続ける加奈の思いがシクラメンに伝わっていることを，役割演技を通して実感として掴ませたい。

主題名　植物と心を通わせて

出典：『どうとく３　明るい心で』（東京書籍）

◎板書例

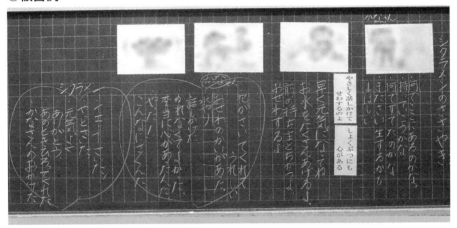

演者選定のポイント

　役割演技に至るまでの二つの発問を通して，どの児童が加奈とシクラメンを演じられそうか，よく見極める必要がある。まず，発問１では，「かわいそうだな。」「家に持って帰って育てたいな。」という児童は，加奈視点，「助けてって言っているのかな。」「水がほしそうだな。」という発言は，シクラメン視点である。

　中心発問である発問２では，「元気に育ってね。」「きれいな花を咲かせてほしいな。」という児童は加奈視点，「うちに来て，気持ちよさそうだな。」「どんなお世話をしてほしいと思っているのかな。」という児童は，シクラメン視点である。

　二つの発問での発言をもとに，総合的に判断して演者を選定する。

本時の展開

◆**導入**

○みなさんは，今までにどんな植物を育てたことがありますか。

◆**展開**

発問1　ゴミ捨て場に捨てられていた植木鉢を見付けたとき，加奈はどんな気持ちだったでしょうか。

□ゴミ捨て場の植木鉢が気にかかり，どうしようかと迷う加奈の気持ちを捉える。

・シクラメンの「助けて。」という声が聞こえたような気がして，揺れ動く加奈の気持ちを想像させる。（動作化するのもよい）

発問2　「植物にも心がある。」「やさしく話しかけて世話するのよ。」とお母さんに言われた加奈は，どんなことを考えていると思いますか。

□お母さんの言葉を受けて，シクラメンとどのようにかかわろうかと考える加奈の気持ちを想像させる。

・母の気持ちに半信半疑になりながらも，どんな声をかけようかと考えている加奈の気持ちを問う。

▼ 役割演技

○あなたの演じたい加奈とシクラメンを，役割演技で演じてみましょう。

・現実世界では話すことのできないシクラメンも，会話ができるように状況設定をする。シクラメンの声や表情を感じ取りながら，シクラメンの世話を続ける加奈の様子を，全員で理解できるようにする。また，次のように，お互いにどんな声をかけようとしているか，演じる前に聞いておくのもよい。

（例）
「シクラメンさんに，どんな声をかけてあげたいですか。」
「あなたの声が，加奈さんに通じるようですよ。どうしてほしい？」

演じられた後の話し合い

　まず，観客に，①加奈がどんなことを言ったか，どんな世話をしていたかを問う。次に，②加奈に世話をしてもらったシクラメンの表情や言動に着目させる。さらに，演者に対しては，①加奈，②シクラメンの順に，観客が捉えた解釈の内容も吟味しながら問い，加奈がシクラメンの気持ちを感じ取りながら世話をしている様子をつかむことで，ねらいとする道徳的価値「自然愛護」のよさを実感的に理解できるようにする。

発問3　次々と花を咲かせ続けるシクラメンを，加奈さんはどんな思いで見ていると思いますか。

□世話をし続けたことによって，シクラメンの花が咲いたことへの喜びを表す加奈に共感する。
　・シクラメンが生き生きとした花を咲かせているのを見て，これまで努力してきたことに対する加奈の充実感を理解する。
　・時間があれば，この場面も役割演技させてみて，加奈とシクラメンがともに喜んでいる様子から，植物にも気持ちが通じていることを実感的に理解できるようにするとよい。

◆終末

　発問3の後，「シクラメンがたくさん花を咲かせられたのは，何があったからなのでしょう。」「動物や植物を育てるときに，大事なことは何だと思いましたか。」などと聞く。その後，各自が本時で学んだことや分かったことを振り返り，ワークシートに書かせる。

授業の実際

（1）演者（加奈・シクラメン）の設定場面

　発問1で，授業者は，「ゴミ捨て場に捨てられていた植木鉢を見つけたとき，加奈はどんな気持ちだったでしょうか。」と問うた。これに対し，「かわいそう。」「誰が捨てたのかな。」という発言が大半を占める中，Ａ子は，「かわいそうだな。家で育てよう。」と答えた。発問2に対して，Ａ子の発言はなかったが，発問1に対する発言から，Ａ子が加奈のシクラメンを思う気持ちを深く捉えていると考え，Ａ子を加奈に選定した。

　さらに，授業者は，加奈の相手役のシクラメンに，Ｂ男を選定した。Ｂ男は，発問1に対し，「水がないかな。」と発言した児童である。この発言に対し，授業者は，「あ，水が無いから枯れてるのかなって思ってるんだね。」とＢ男に共感を示している。この授業では，シクラメンの気持ちに深く迫る児童が他に見られなかったこともあるが，授業者はこのときのＢ男の発言は，水がしばらくもらえなくて切ないシクラメンの思いを推し量っていると解釈し，Ｂ男をシクラメンに選定した。

（2）役割演技の様子
○元気になってね

　加奈は，「元気に育ってね。」と言いながら，水を汲みに行き，シクラメンに水やりをした。シクラメンは，ニコニコしながら「ありがとう。」とつぶやいた。その後，加奈はシクラメンをじっと見つめながら，「早く咲かないかな。早く咲いてね。」と声をかけた。すると，シクラメンは，「うん。」と力強く応えた。加奈が「（もう一杯水が）いる？」と聞くと，「いる。」とシクラメンが答えたので，加奈は，再び水を汲んできた。水やりをしながら，「元気になった？」と聞くと，シクラメンは「うん。」と嬉しそうに答えた。その言葉を聞いた加奈は，シクラメンを愛おしそうに撫でた。

（3）話し合いの様子

　授業者は，まず，観客に加奈がどんな言動をしていたかを聞いた。加奈が様々な声をかけ続けていたこと，水やりを何度もしていたことが確認されるとともに，加奈の表情から，嬉しそうにお世話をしていたと解釈された。

　次に，シクラメンの言動や表情について観客に聞くと，シクラメンが「ありがとう。」と言っていたことや，表情がニコニコしていたことから，終始嬉しそうにしていたことが確認された。

　その後，授業者は，演者に確認した。加奈は，「元気になってほしいから，毎日水をあげようと思った。」と答えた。一方，シクラメンは，「あんな汚いゴミ捨て場にあったのに，（「気分はどうですか？」という授業者の問いに対し，）最高！」と答え，加奈の世話に満足している様子であった。

　話し合いが終わって演者が席に戻った直後，観客から「いい子いい子までしてたよ！」という指摘が出された。そこで，授業者は，再度加奈を演じた児童に，シクラメンをなでた意図を確認すると，加奈は，「（話しかけるだけじゃなくて，）優しく触ってあげたりした方がいいのかなって思ったから，なでました。」と答え，心から慈しむ様子が，全体で確認できた。

　このように，教師が気付かなかった演者の行動を捉えた観客の発言により，更に学習が深まったことは，授業者にとって想定外の，嬉しい驚きであった。これは，観客が演者の「鏡」としての役割を示した姿といえよう。

評価のポイント

　観客や演者としての発言の内容，ワークシートの内容から，次の点などについて見取って評価する。
・「植物にも心がある。」という母の言葉を信じて，世話を続けた加奈の気持ちに共感を示しているか。
・加奈のように，動植物を育ててみたいという気持ちが芽生えているか。

（菅原　友和）

D 主として生命や自然，崇高なものとの関わりに関すること

小学校・高学年 **青のどう門**

本時のねらい

　自分の親を殺した了海が，村人のために20年以上もかけて洞門を掘り続けていることを知った実之助は，敵討ちを先送りして了海と一緒に洞門を掘ることにしたが，洞門がようやく完成し，互いに喜び合っているとき，了海から自分を切るように言われる。このときの了海と実之助を役割演技で即興的に演じることを通して，どんなときでも生きる喜びを持つ心の崇高さに素直に敬意を抱き，立場を超えて認め合い高め合うことのできる人間としての気高い生き方のよさを，実感的に理解する。

教材の概要

　今から約三百年前，了海は人をあやめた罪滅ぼしのために仏門に入り，人々の役に立ちたいと諸国を渡り歩いていた。その道中，山国川の岩道が，その険しさから多くの人々が命を落としたことを知る。そこで了海は，ここに洞門を掘ることを決意し，休むことなく掘り続けた。

　そんなおり，了海に殺された父のかたきを討つために了海を探していた実之助が，了海の前に現れる。しかし，敵を討とうとする了海の前に立ちはだかる石工や，一心不乱に洞門を掘り続ける了海の姿から，敵をうつのは洞門の完成まで待つことにし，石工に混じって，一緒に洞門を掘り始める。

　一年半後，洞門は完成して念願が果たせたとき，そこには，偉業を成し遂げた喜びでいっぱいで，その崇高さを認め合い，全てを忘れて感激の涙にむせび合う2人の姿があった。

主題名　にくしみをこえて

出典：『かがやけ みらい　6年』（学校図書）

ねらい達成のために役割演技を取り入れるポイント

　了海の生き方の尊さを深く理解したとき，児童は過去の罪を許し，偉業を称える実之助の姿に共感し，その意味が理解できるであろう。「思い残すことはない。」と言い切れる生き方を示した了海と，そんな了海を目の前にした実之助が役割演技で演じられる中で，人としての気高さの意味や意義に気付き，人として生きる素晴らしさを実感的に理解できるようにしたい。

◎板書例

演者選定のポイント

　役割演技では，了海が命をかけて行った偉業の気高さに感激した実之助の憎しみが，消えていることに気付くであろう。また，了海の気高い生き方を認めることのできる実之助の人間としての強さや尊さを，児童は理解できるであろう。そのため，「相手を許す」意味に気付いている実之助（補助自我）

が求められる。了海の気持ちを中心に発問していきながらも，18年目の出会いの場面と洞門完成の場面の実之助の気持ちの違いも補助発問で追っていく必要がある。「殺したい気持ちはあるけれど、それ以上に了海はすごいことをしている。」とか「もう十分罪はつぐなっている。」など，了海を尊敬の目で見ている実之助を演者として指名することが大事になってくる。

本時の展開

◆導入
○トンネルって，何のためにあるのかな。
□身近にあるトンネルが，生活に役に立つことや楽に安全に通れるためにあることを感じさせる。また，トンネルのことを昔は洞門と呼ばれていたことを伝え，物語に興味をもって授業に参加できるようにする。

◆展開
発問1 洞門を作ろうと決めた了海はどんな気持ちだったでしょうか。
□了海がどれほどの決意で洞門を掘ろうとしているかを理解する。
・どれほどの決意かを問う。（土と石のみだけで掘る大変さを知り，それでもやろうと思った了海のつぐないの気持ちを知る）

発問2 どんな思いで20年以上も掘り続けているのでしょうか。
□一心不乱に自分の人生を捧げる了海の思いの深さを理解する。
・なぜ，あきらめることを微塵も考えずに，続けるのかを問う。

発問3 了海は，どんな思いで仇を討たせようとしたのでしょうか。
□自分の罪を認め，覚悟を決めている了海の思いを想像する。
・実之助が仇討ちをためらった理由を問う。

発問4 洞門を掘りぬいた了海はどんなことを思ったでしょうか。

□人の命を救いたいという思いを貫き，達成した了海の思いを想像する。
・掘り終えた了海の気持ちや，これからのことを考えているのかを問う。
・一緒に掘り，完成させた実之助の思いを問う。

> 役割演技

○あなたの演じたい了海と実之助を，役割演技で演じてみましょう。
・もう思い残すことはない，死んでもかまわないと思う了海と，殺す気持ちにはなれない実之助の思いの理由が理解できるように，洞門が完成した時の気持ちを明確にする。また，仇討ちをしようと思っていた実之助の気持ちの変化やその意味も押さえる。
例）「21年間諦めず完成しましたね。途中，諦めようとは思わなかったのですか？ それは，なぜですか？」
　　「仇討ちを一旦やめましたね。それで，一年半の間2人でずっと掘っていたけれど，やっと敵討ちができますね!?」

演じられた後の話し合い

まず，観客に①了海はどんなことを言ったか，どんな表情・動きだったか②実之助はどんなことを言ったのか，どんな表情・動きだったかを問い，その言動の意味を解釈できるようにする。さらに，演者にも①了海②実之助の順に話した言葉や表情，動きの意味を問う。そのとき，特に実之助が演じた意味を明確にすることを通して，道徳的諸価値の理解が深まるようにする。

◆終末
「今日の授業で皆さんが学んだこと（分かったこと）を書きましょう。」と指示し，その際「実之助の思いを変えたのは何かな。」等と視点を与えた上で，各自の理解をワークシートに書くようにする。

授業の実際

(1) 演者の設定場面

　発問3において，授業者が「了海は，どんな思いで仇を討たせようとしたのでしょうか。」と発問をした。これに対して，A子は「自分が実之助の父を殺したのだから，殺されても仕方ない。」と答えた。自分の犯した罪に責任をもち，死ぬことを受け入れようとする覚悟を示したといえる。さらに，「実之助はなぜ止めたのか。」を問うと，B子は「村人の為に何年も掘り続けているから。」と答えた。了海の思いを受け止め，今は殺してはいけないと考えていることが分かる。さらに，発問4の「洞門を掘りぬいた了海はどんなことを思ったでしょうか。」と問うた後，「実之助はこのときどう思ったのかな。」と問うと，「父を殺したけれど，1人の命を奪ったけれど，洞門を掘って多くの命を救ったから。」と答えた。そこで，「この後どうしたい。」と問うと，「もう殺せない。この後も生きていてほしい。」と答えたので，B子を実之助に指名した。A子は発問4においても，「もう思い残すことはない。これでやっと罪を償える。」と達成感と覚悟を示し，「あとは，実之助に殺されたい。」と語ったので，掘り終えて実之助にかたき討ちをするように言う了海をA子に指名した。

　教材の終末部は児童には示していないので，掘り終えた後に仇を討つように実之助に了海が言う場面から，了海と実之助を演じるようにした。

(2) 役割演技の様子

　了海は「殺してください。」と手を合わせてお願いをする。実之助は少しためらってから「殺すことはできません。あなたは父を殺したけれど，21年間も掘り続けて多くの命を救いました。だから，もういいです。これからは自由に生きてください。」と話した。すると了海は「えっ，本当にそれでいいの。」と驚きながら答え，さらに「でも。」と言葉を詰まらせた。実之助は了海に近寄りながら，「もう罪はつぐなったと思います。だからいいんで

す。」と話し，了海の手をにぎりながら何度も頷いた。了海は下を向いたまま「ありがとう。」と言い，実之助の手を握っていた。

(3) 話し合いの様子

　この後，観客は，実之助が殺さずに，洞門を完成した了海のことを許していた様子を，「父のかたきとは全く思ってないように見えた。」や「（実之助にとって了海は）普通の人にはできない，すごいことをやった人。尊敬できる人。」と話し，実之助は優しい目をしていた等と指摘した。

　一方，了海については，実之助に許されたときに驚いて声が出なかったことや信じられないといった目をしていたこと，最後まで本当にそれでいいのかなと不安な表情をしていたことを指摘した。

　この後，演者に確認をすると，了海は，「実之助のお父さんを殺したし，（実之助に）殺されて当たり前と思っていた。だから，許してもらってびっくりしたし，本当にそれでいいのかな，罪は償えたのかなと思った。」と答えた。さらに，「ありがとうって言ったけど，なんかすっきりしなかった。」と語った。一方，実之助は，「21年間も村人の命を救うために掘り続けた人を殺せないし，一緒に掘っていたらそんな気持ちも無くなった。」と答え，「ずっと，掘り続けていたから少し休んで楽しいことをしてほしい。」と，了海をねぎらいたい気持ちを語った。

評価のポイント

　授業中の発言の内容や，ワークシートの記述から，気持ちの変容に注目をする。例えば，「21年間も掘り続けた了海はすごい人だし，父のかたき討ちをしないで許した実之助もすごい人だと思った。」「初めはかたき討ちされることが罪ほろぼしかと思っていたけれど，他の人（大勢の人）の為になることをすることで罪ほろぼしになる。」のように，人間としての気高さや素晴らしさに触れた発言や記述から，子どもたちの学習状況を把握する。

（土田　健太郎）

D 主として生命や自然，崇高なものとの関わりに関すること

中学校 カーテンの向こう

本時のねらい

　人間は，人の役に立ちたいという気高さがある一方で，欲を叶えたいという弱さや醜さをもっている。本時はこれらの二つの側面に焦点を当て，人としてのあり方，自己のあり方を考えさせていく。どんな困難な状況においてもよりよい生き方を求め続けることの気高さに目を向けさせ，日々の生活や今後の人生をよりよいものにしていこうとする態度を育てたい。

教材の概要

　この教材は，重症患者ばかりが入院している病院が舞台となっている。重苦しい病室の中での唯一の楽しみは，一番窓際のベッドを与えられているヤコブの話だった。その話は自由に動くことのできない病室の患者にとって，期待と夢を与えてくれるものだった。そんなある日，死が近いことを悟った同室のニコルの「今日だけでいいから，ベッドを替えてくれないか。」との申し出をヤコブが無視し，外の景色を見ることなくニコルが死んでいく。この日から「わたし」は，密かにヤコブの死を願うようになっていく。

ねらい達成のために役割演技を取り入れるポイント

　教材の「わたし」と自分を重ね合わせられるよう，カーテンの向こうを実際に見る場面や，患者と病室内での会話を取り入れる場面を設定し，「わたし」を演じるようにする。ヤコブの死後に，窓際のベッドに移った「わたし」が目にした衝撃を味わわせ，死の間際であっても人を励ましたいと思ったり，人を励ますことによって自分を奮い立たせたりする人間の気高さや信念の尊さを実感的に理解しながら，道徳諸価値の理解を深めたい。

主題名　崇高な生き方

出典：『心つないで３』（教育出版）

◎板書例

演者選定のポイント

「わたし」は窓の向こうの景色を見たときに，初めてヤコブがとった行動の意味を知る。同じ境遇になった「わたし」がどのような気持ちで何を語るかがポイントであり，そのため，ヤコブの気持ちを理解できた生徒を「わたし」に選ぶようにする。窓の外の景色を知ってもなお，他者のために行動する姿は，人間として生きる「わたし」の崇高な姿であり，気高い生き方を実現していることを実感的に理解できるよう，慎重に演者を選定したい。

本時の展開

◆導入

○みなさんは人のためにどんなことができますか？
　自分のことばかりを優先して考えてしまうことはないですか？

◆展開

発問1　同じ病室にいた「わたし」はヤコブの話をどんな気持ちで聞いていたのでしょう。

□「わたし」たちにとって，ヤコブの話だけが唯一の楽しみだったことを理解できるようにする。
　・話を聞いているときの気分はどうかを問う。
　・絶望の気持ちの患者にとって，ヤコブの話は，どんな役割を果たしていたのかを考えるようにする。

発問2　ヤコブのとった行動を見ていた「わたし」はどんな気持ちになったのでしょう。

□死を願うほど憎む「わたし」の気持ちを理解できるようにする。
　・なぜヤコブに対して憎しみを抱くようになったのかを問う。
　・ヤコブが死んだ後の「わたし」は，どんなことをしたいと思っているかを問う。

▼ 役割演技

発問3　カーテンの向こう側を見て，外の本当の景色を知った「わたし」は，どんな気持ちになったのでしょう。

□ヤコブの死を願った自分の気持ちの卑しさ，死ぬ直前までカーテンの向こうの話をしてくれたヤコブの気高さに気付くようにする。
　・カーテンの向こうが壁だったことを，病室の患者に告げるかどうか，その理由を含めて問う。
　・ヤコブを恨む気持ちがどう変わったのか，その理由を含めて明確にする。

▼ 役割演技

　○他の患者から外の景色を教えてほしいと頼まれた「わたし」はどんな気持ちになったでしょう。「わたし」を演じましょう。

- ヤコブのとった行動の意味を理解し，演者の生徒や観客の生徒が，「わたし」と自分を重ねながら，みんなに希望を与え続けようという気持ちに変わった意味の理解を，深めることが大切である。
- 同室の患者からベッドを替わるように頼まれたときの「わたし」の役割を創造することを通して，崇高な生き方について考えられるようにする。
- 「わたし」という名前での演技が難しいため，別名を設定する。

演じられた後の話し合い

　演者に，観客の感想を聞きながら，演じていたときの気持ちを整理するよう伝えた後，演じられた「わたし」について，観客に次のように確認する。
①「わたし」や患者がどんなふうに話していたか。
②その話をしている「わたし」はどのような気もちだったように見えたか。
③なぜ「わたし」はそのような心情を抱いたのか。
　観客の解釈を明らかにした後，演者に，演じられた役割の意味や意図について問い，「わたし」の取った役割から，ヤコブのとった行動の意味を考察するようにする。

◆終末

　前述の話し合い後は，ベッドを替わってほしいと頼む場面を演じるようにする。「わたし」がヤコブと同じように，他の患者にベッドを譲らないのであれば，その行為の理由や「わたし」の心情を問い，人間らしく気高く生きていこうとする道徳的価値のよさについて，理解を深めていく。その後，「本時の授業を通して学んだこと，わかったこと」を各自でシートに書くようにし，授業の振り返りを行う。

授業の実際

（1）演者の設定場面

　授業者は「カーテンの向こう側を見て本当のことを知った「わたし」は，どんな気持ちになったと思いますか。」と発問した。このとき，「つらくても，皆を絶望させまいと，外の景色について本当のことを言わないヤコブの気持ちが，今になってすごくよくわかる。」と答えたＡ男を「わたし」に指名し，「カーテンの外を見る「わたし」と，同室の患者」場面を演じることにした。このとき授業者は，この後の展開として，「わたし」が患者から「ベッドを替わってほしい。」と頼まれる場面を演じることを想定していたので，患者には，「ないはずの景色を死ぬ間際まで話してくれたから，（ヤコブは）すごいなと思った。」と発言したＢ男と，Ｂ男と仲の良いＣ男を患者役として指名した。

（2）役割演技の様子
○外は寒そうだよ

　患者のＢ男が「外の景色はどうだい？」と「わたし」に聞くと，「わたし」は「女の子が，バラの花を売りに来ているよ。」と答えた。Ｃ男が「他にはなにかないかい。」とさらに外の様子を話すように促すと，「わたし」は悩みながら「外は寒そうな天気だよ。」と答えた。このように，外の景色の情報を少しでも多く同室の患者たちに伝えようとする「わたし」が演じられた。

○楽しみにしていなよ

　この後，さらにＢ男が「ベッドを替わってくれ。」と「わたし」に懇願すると，「わたし」は長い沈黙の後，ゆっくりとした口調で，「僕が死んだら次は君の番だよ。もう少し待てば君の番だから，それまでの楽しみにしていなよ。」と説得した。「わたし」を演じたＡ男が考えに考え抜いた末に絞り出すように発した言葉に，授業者も思わず胸が熱くなった瞬間であった。Ａ男が

言葉を選びながら話している間，クラスはその気持ちを共有し，応援しているような温かい雰囲気に包まれていた。

（3）役割演技後の生徒の感想から
・ヤコブは同じ病室の人のために，少しでも楽しい時間や昔のことを思い出すきっかけを，ウソの話で作っていたのだと思う。自分のことだけで精一杯なはずなのに，他の人のためにウソをつき通すのはすごいと思った。
・実際に演技しているのを見て，ヨーゼフ（わたし）役の人が景色を聞かれたときすごく大変そうでした。本当は壁なのに作り話をするということはすごく辛いことだったと思います。でもヤコブ（やヨーゼフ）にとっては生きていく中で，少しは楽しいことだったのではないかなとも思いました。
・ヤコブのようにみんなを楽しませるためにありもしない景色の話をしてウソをつき続けるのは本当に辛くて厳しいことだと思う。ヤコブがニコルに場所を譲らなかったのはヤコブの最高の優しさだと思う。

評価のポイント

　役割演技で「わたし」を演じることで，子どもたちはヤコブがとった行動の意味を深く理解し，観客と演者の別なく「わたし」と自分を重ねながら，みんなに希望を与え続けようとする人間の尊さを実感的に理解することができた。カーテンの向こうを見る場面やベッドを替わるかどうかを考えながら演じる場面において，演じられた役割の意味を明確にし，ヤコブの生き方の意味を考えていかれるようにしていくことがポイントである。

　今回の授業では，役割演技で演じるよりも先に，カーテンの向こうの景色を見せた。にもかかわらず，「わたし」役は真実を伝えず患者を奮い立たせようと，「空想」の世界を展開し続けた。このときの「わたし」の役割の意味や意義の解釈の内容に，道徳的諸価値の理解の具体が現れると共に，まさに，自分の生き方が表されたと考えられる。その個々の生徒の理解の具体を，積極的に評価したい。

（岡村　芳倫）

【編著者紹介】

早川　裕隆（はやかわ　ひろたか）
上越教育大学大学院教授

【執筆者紹介】 ＊執筆順

土田　健太郎　　新潟県柏崎市立日吉小学校
北川　沙織　　　愛知県名古屋市立平針北小学校
林　　智子　　　千葉県流山市立おおたかの森中学校
菅原　友和　　　新潟県新潟市立五十嵐小学校
小川　かほる　　新潟県新潟市立小新中学校
高橋　歩　　　　新潟県燕市立吉田中学校
岡村　芳倫　　　新潟県新潟市立小新中学校

道徳科授業サポートBOOKS
実感的に理解を深める！
体験的な学習「役割演技」でつくる道徳授業
学びが深まるロールプレイング

2017年7月初版第1刷刊	©編著者	早　川　裕　隆
	発行者	藤　原　光　政
	発行所	明治図書出版株式会社
		http://www.meijitosho.co.jp
		（企画）佐藤智恵（校正）足立早織
		〒114-0023　東京都北区滝野川7-46-1
		振替00160-5-151318　電話03(5907)6703
		ご注文窓口　電話03(5907)6668
＊検印省略	組版所	株　式　会　社　カ　シ　ヨ

本書の無断コピーは，著作権・出版権にふれます。ご注意ください。

Printed in Japan　　　　　　　　ISBN978-4-18-241429-9
もれなくクーポンがもらえる！読者アンケートはこちらから →